BARTH/ENZMANN

KATAMARANSEGELN

ERNST W. BARTH/KLAUS J. ENZMANN

KATAMARAN SEGELN

DELIUS KLASING VERLAG

4. Auflage

ISBN 3-7688-0417-8

© Copyright by
UNITED NAUTICAL PUBLISHERS
Basel 1983

Fotos: Archiv, Barth, Black, Enzmann, Kampa, Knebel,
Pfau, Prout, Rösler, Schubert, Stadler, Topcat

Die Rechte für die deutsche Ausgabe
liegen beim Verlag Delius, Klasing & Co, Bielefeld
Printed in Germany 1988

Druck: Kunst- und Werbedruck, Bad Oeynhausen

Inhalt

Vorwort

Warum eigentlich ist Segeln bei immer mehr Menschen zur liebsten Freizeitbeschäftigung geworden? Wir haben noch keinen Segler getroffen, der als Hauptgrund etwa die sportliche Ertüchtigung angegeben hätte. Meist lautet die etwas verwirrt gegebene Antwort auf die Frage: „Warum segelst du?" schlicht und einfach: „Weil es Spaß macht." Eine gute Antwort, umfaßt sie doch letzten Endes das ganze Spektrum dieses Sports.
Und warum nahm die Schar der Katamaransegler in den letzten Jahren überproportional zu? Wir meinen, weil zu der grundsätzlich auch für das Katamaransegeln gültigen obigen Antwort noch hinzukommt: „Weil Katamaransegeln schnell ist." Die Faszination hoher Geschwindigkeit auf dem Wasser kann unter Segeln eben nur im Katamaran erlebt werden.
Katamaransegeln macht Spaß, mehr Spaß (so meinen wir) als Jollensegeln. Wir möchten, daß Sie an Ihrem Katamaran so viel Spaß wie möglich haben und so schnell wie möglich über das Wasser dahinschießen. Dafür haben wir dieses Buch geschrieben, wobei wir davon ausgingen, daß Ihnen die Grundbegriffe des Segelns schon bekannt sind.
Zum Spaß am Katamaransegeln gehört auch, daß man den Katamaran kennt, seine Konstruktion beurteilen kann und über den letzten Stand der Entwicklung dieser bei uns noch jungen Bootsart informiert ist. Deshalb haben wir unser Buch denn auch mit diesem Themenkreis begonnen –

sozusagen mit einer Art „Trockentraining".
Nur derjenige, der seinen Katamaran perfekt beherrscht, wird uneingeschränkt Freude daran haben, gleichgültig, ob Flaute herrscht oder ob es hackt, daß die Gischt fliegt. Beherrschen aber kann man auch den Katamaran nur dann, wenn man bewußt mit ihm übt, sich selbst langsam steigernd sich an die Grenzen des eigenen Könnens und die des Bootes herantastet. In Regatten wird Lernerfolg besonders schnell und deutlich sichtbar, werden vor allem Situationen, die beim freien Segeln meist in der Stimmung des Augenblicks untergehen, bewußt erlebt und dadurch deutlicher. Daher haben wir in den Kapiteln über die Segelpraxis immer wieder auf das Regattasegeln hingewiesen.
Zwar ist es unerheblich, ob Sie nun raumschots „nur zum Spaß" segeln oder auf einer Regatta besonders schnell sind, nur: Auf einer Regatta haben Sie den unmittelbaren Vergleich mit anderen Seglern der gleichen Bootsklasse und können Ihre Fähigkeiten selbst ständig überprüfen und einstufen. Dieser rasche Lernerfolg beschleunigt nicht nur die Beherrschung des Katamarans, er steigert damit auch den Spaß, den Sie mit Ihrem Katamaran haben können.
Daß Ihnen das Katamaransegeln immer Freude macht, wünschen Ihnen Ihre Autoren.

München, im Januar 1983.

Warum gerade Katamaran?

Während die Frage: „Warum Mehrrumpfboot?" sehr schnell und einfach mit dem Argument „mehr Geschwindigkeit" zu beantworten ist, bedarf die Frage: „Warum gerade Katamaran?" einer etwas ausführlicheren Erläuterung.

Bekanntlich sind auch Trimarane – diese Wortschöpfung geht auf den Russen Viktor Tchetchet zurück, der im Jahre 1909 mit einem selbstgebauten Katamaran eine Regatta vor Kiew mit weitem Vorsprung vor den Yachten klassischer Bauart gewann – und die Proas sehr schnelle Mehrrumpfboote. Der Katamaran aber wurde dennoch als einziges Mehrrumpfboot auf dem Markt der Sportboote unumschränkter Herrscher. Sporttrimarane wie die englischen *Kraken* und die dänischen *Supernovas* konnten sich auf dem Regattakurs ebensowenig durchsetzen wie die wenigen Sportproas, die bisher einen Anlauf in dieser Richtung unternahmen.

Die Zeichnungen auf Seite 8 zeigen die verschiedenen Arten von offenen Mehrrumpfbooten.

Bei den Blauwasserskippern spielen auch noch Gesichtspunkte wie Komfort, Platzangebot, Schwerwettereigenschaften und mehr eine Rolle, die beim Sportboot nicht ins Gewicht fallen. Dennoch gelten die im folgenden aufgeführten Argumente letztlich auch für die Kreuzer-Mehrrumpfboote.

Zunächst geht es nicht ganz ohne ein wenig Physik:

Einer der wichtigsten Faktoren für die Leistungsfähigkeit (sprich Geschwindigkeit) eines Segelbootes ist das Leistungsgewicht. Dieses auszurechnen, ist eine einfache Sache: Addieren Sie das Gewicht des Bootes und das Gewicht der Mannschaft (in Kilogramm), und teilen Sie diese Zahl durch die Segelfläche (in Quadratmetern).

Für den Sportkatamaran *Tornado* mit einer 160-kg-Mannschaft sähe die Formel dann so aus:

$$L = \frac{168 + 160}{21,8} = 15,05 \; \frac{\text{kg}}{\text{m}^2}$$

Dieser *Tornado* hat also ein Leistungsgewicht von 15,05 kg pro Quadratmeter.

Daß für die Geschwindigkeit das Gewicht eine entscheidende Rolle spielt, ist einleuchtend – man kennt das vom Auto her. Und daß ein Boot mit einer größeren Segelfläche schneller ist als eines mit einer kleineren, kann sich selbst Klein Fritzchen ausrechnen.

Allein – ganz so einfach ist es nun auch wieder nicht. Entscheidend ist nämlich nicht, wieviel Quadratmeter am Mast hochgezogen werden; entscheidend ist vielmehr, wieviel Tuch das Boot vertragen kann. Dies aber hängt davon ab, wie groß das „aufrichtende Moment" eines Bootes ist. Vereinfacht ausgedrückt ist dies diejenige Kraft, die von Boot und Mannschaft aufgebracht werden kann, um zu verhindern, daß sich das Boot unter dem Winddruck auf die Seite legt.

Errechnen läßt sich das aufrichtende Moment (M_a), indem das Gewicht des Bootes (G_1) mit dem Abstand zur Kippachse (S_1) multipliziert und das Ergebnis addiert wird zum Ergebnis der Rechnung Gewicht der Mannschaft (G_2, G_3) mal Abstand zur Kippachse des Bootes (S_2, S_3).

In der Zeichnung auf Seite 9 wird ein Vergleich zwischen *Tornado* und dem Einrumpfsportboot *Flying Dutchman* (*FD*) gezogen. Mit 360 mkg mehr aufrichtendem Moment ist der Katamaran deutlich Sieger. Dies entspricht auch der Praxis: Erst wenn der *Tornado* seine höhere aufrichtende Kraft ausspielen kann (das ist so ab zwei Windstärken der Fall), ist er deutlich schneller als die Jolle.

An diesem Beispiel läßt sich auch die Fragwürdigkeit von Yardstick- oder ähnlichen Zeitvergütungssystemen bei Regatten zwischen Ein- und Mehrrumpfbooten erkennen. Nachdem die empirisch gewonnenen Rennwertfaktoren nur Durchschnittswerte darstellen, kann bei einer Wertung nach diesem System bei leichtem Wind nie ein Mehrrumpfboot, bei viel Wind nie ein Einrumpfboot gewinnen. Doch nun zu den verschiedenen Mehrrumpfbooten.

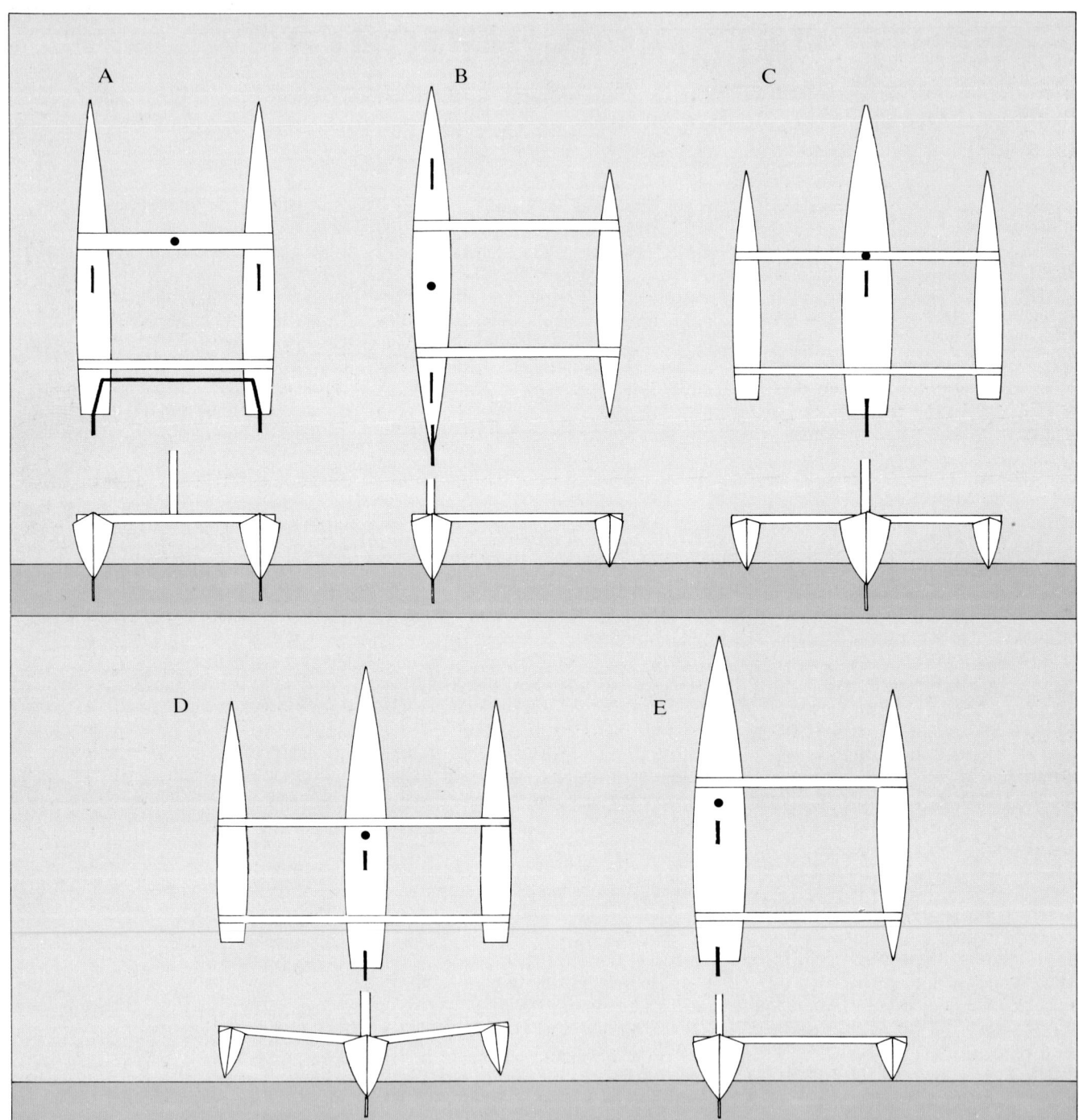

Links:

A = Katamaran: mit oder ohne Schwert, mit symmetrischen oder asymmetrischen Rümpfen

B = klassische Proa: mit oder ohne Schwert, mit symmetrischen oder asymmetrischen Rümpfen; die Länge des Auslegerrumpfes macht etwa 50 bis 60 % der Hauptrumpflänge aus

C = Trimaran alter Schule: mit oder ohne Schwert; die Länge der Auslegerrümpfe macht etwa 50 bis 60 % der Hauptrumpflänge aus

D = Trimaran neuerer Schule: mit oder ohne Schwert; die Länge der Auslegerrümpfe macht etwa 80 bis 90 % der Hauptrumpflänge aus, die Auslegerholme sind bis zu 20° angewinkelt

E = neuzeitliche Proa: mit oder ohne Schwert, mit symmetrischen oder asymmetrischen Rümpfen; die Länge des Auslegerrumpfes macht etwa 80 bis 90 % der Hauptrumpflänge aus

Rechts:

A = Die Momentenrechnung beim FD ergibt:

$$FD : \Sigma\, M_a = \sum \begin{matrix} G_1 \cdot S_1 \\ G_2 \cdot S_2 \ (mkg) \\ G_3 \cdot S_3 \end{matrix}$$

$$= \begin{matrix} 160 \cdot 0,5 \\ 80 \cdot 1,6 \\ 80 \cdot 2,5 \end{matrix}$$

$$= 408 \ (mkg)$$

B = Die Momentenrechnung beim Tornado ergibt:

$$Tornado: \Sigma\, M_a = \sum \begin{matrix} G_1 \cdot S_1 \\ G_2 \cdot S_2 \ (mkg) \\ G_3 \cdot S_3 \end{matrix}$$

$$= \begin{matrix} 160 \cdot 1,3 \\ 80 \cdot 3,1 \\ 80 \cdot 3,9 \end{matrix}$$

$$= 768 \ (mkg)$$

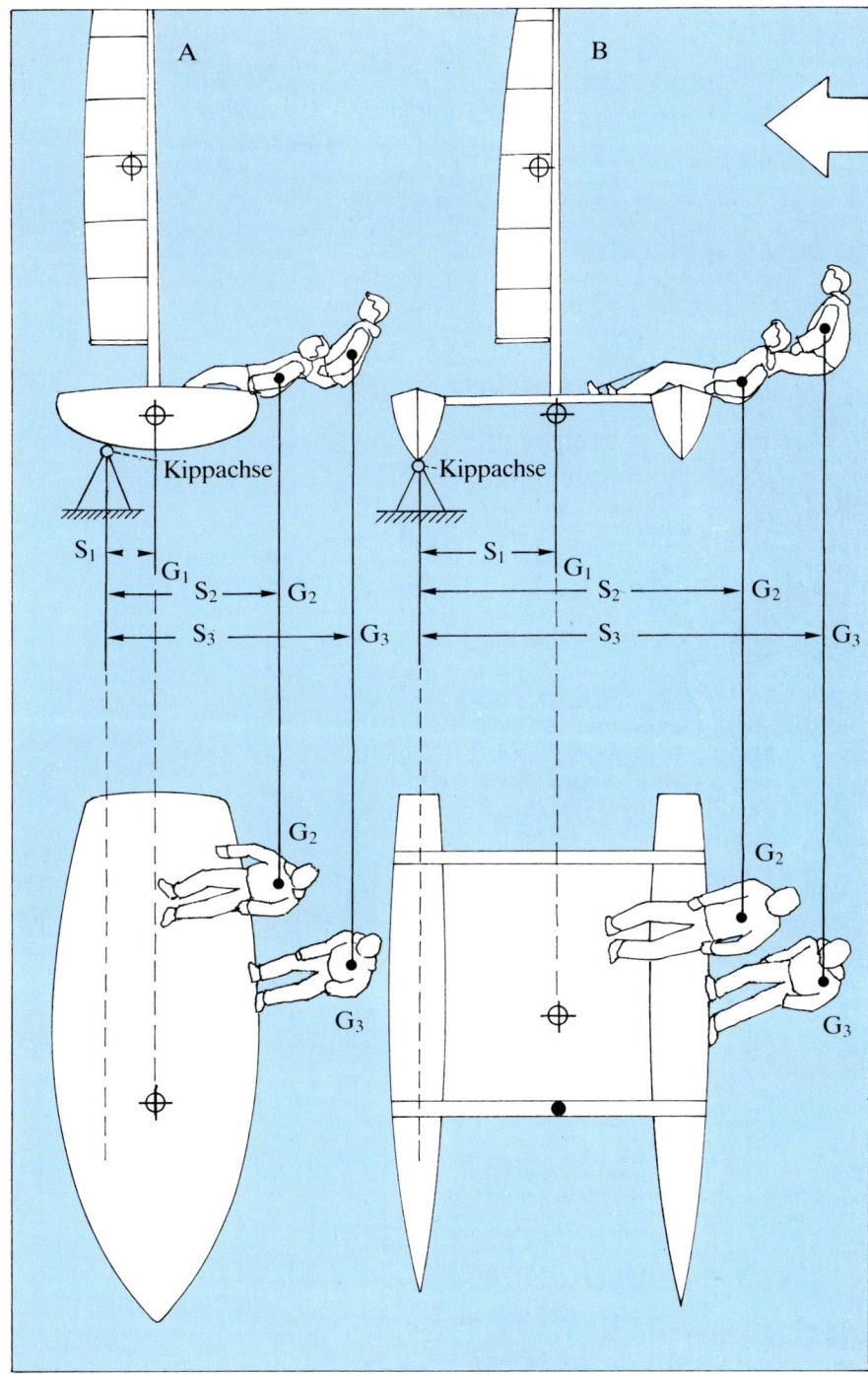

Die Proa

Die klassische Proa der Südsee hat vorne und hinten einen Bug wie etwa eine venezianische Gondel – asymmetrisch oder symmetrisch. Der Auslegerrumpf wird dabei immer in Luv gefahren; fängt er an zu steigen, klettert ein Mann auf den Ausleger, dann der nächste, und so weiter. Gewendet im herkömmlichen Sinn wird nicht; man fährt praktisch auf dem gleichen Bug rückwärts, wozu das Segel um 180 Grad herumgeschwenkt und das Ruder – ein Riemen in einer Dolle – einfach umgehängt wird (siehe Zeichnung). Auf dem Dreieckskurs konnten sich die Proas daher aus verständlichen Gründen nicht durchsetzen; etwas anders sieht es auf Langstreckenregatten aus, etwa den Transatlantikrennen. Klassischer Vertreter der polynesischen Proa ist die *Cheers* (Foto), gezeichnet von dem Amerikaner Dick Newick, die 1968 beim Einhand-Transatlantikrennen OSTAR unter wesentlich größeren Yachten einen beachtlichen dritten Platz heraussegelte.

Bei der „modernen" Proa wird die umständliche Wenderei durch wechselseitiges Fahren des Auslegers vermieden, je nach Kurs in Luv oder in Lee. Diese modernere Version der Proa wollen wir uns etwas näher ansehen.

Segelt die Proa mit dem Ausleger auf der Luvseite, dann wird das aufrichtende Moment durch den Winddruck überwunden, wenn sich der Ausleger aus dem Wasser hebt. Sitzt die Mannschaft bereits auf dem Ausleger, sind das maximale Segeltragevermögen und damit das höchste Geschwindigkeitspotential erreicht. Verbessern könnte man das aufrichtende Moment nur, wenn man den Luvausleger schwerer (und größer) machen würde, was sich wieder negativ auf das Gesamtgewicht auswirkte. Die Endform wäre dann ein Auslegerrumpf gleicher Größe wie der Hauptrumpf – und damit wären wir bei einem Katamaran mit dem Mast auf dem Leerumpf!

Nun gehen wir mit unserer Proa auf den anderen Bug und fahren den Ausleger auf der Leeseite. Die Grenze für das Segeltragevermögen ist erreicht, wenn der Auslegerrumpf unter Wasser gedrückt wird. Auch dies ließe sich leicht korrigieren: Man vergrößert das Volumen des Auslegers bis zur Größe des Hauptrumpfes – und ist damit bei einem Katamaran mit dem Mast auf dem Luvrumpf!

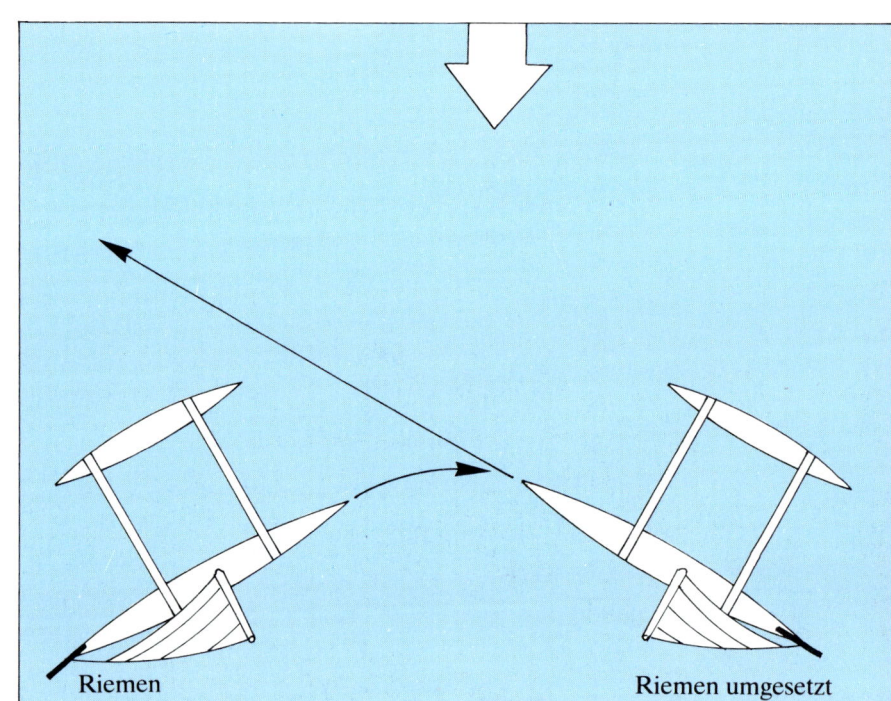

Die klassische Proa wendet durch Vorwärts- und Rückwärtsfahren; der Ausleger bleibt immer in Luv. Das Segel wird in Lee einfach um 180 Grad herumgeschwenkt

Riemen

Riemen umgesetzt

Die von dem Amerikaner Tom Follett gesegelte Proa „Cheers" konnte sich bisher als einzige auf Hochseeregatten durchsetzen. Beim Einhand-Transatlantikrennen OSTAR 1968 kam sie auf einen überraschenden dritten Platz. Im allgemeinen aber fanden die Proas keine große Verbreitung, obwohl sie beachtliche Geschwindigkeiten erreichen. Hauptproblem sind bei diesem Bootstyp die Kenterungen nach Luv, die durch Wellenbewegungen oder Unachtsamkeit des Skippers zu allzu vielen Ausfällen führten

Übrigens: Entgegen einer weitverbreiteten Ansicht ist es, physikalisch gesehen, völlig unerheblich, ob der Mast in der Mitte, in Luv oder in Lee steht.

Der Trimaran

Es ist durchaus richtig, einen Trimaran unter den gleichen Gesichtspunkten zu betrachten wie die Proa. Es ist nämlich, vereinfacht ausgedrückt, nichts anderes als eine Proa mit einem zusätzlichen Luvrumpf, der das aufrichtende Moment noch vergrößert. So gesehen wäre der Trimaran sogar eine physikalisch gleichwertige Alternative zum Katamaran, setzt man gleiche Breite voraus.

Die Praxis allerdings hat ergeben, daß dem nicht so ist, denn in der Regel muß ein Trimaran, der mit einem gleichlangen Kat mithalten will, um etwa 30 Prozent breiter sein und wird im Schnitt annähernd um 20 Prozent schwerer sein müssen als der Kat.

Dazu kommt, daß Trimarane im Wellenverhalten träger und bei Starkwind problematischer sind als vergleichbare Kats.

Deshalb auch wird es im Sportbootbereich keine Trimarane geben; die *Kraken* und *Supernovas* werden sich nicht nur nicht durchsetzen können, sondern aussterben.

Katamarane —
so alt wie die Seefahrt

Als die Polynesier mit ihren schnellen Doppelkanus die weiten Seeräume des Pazifiks durchsegelten, als die Vorfahren der Maori von Polynesien aus Neuseeland entdeckten, als schließlich Hawaii besiedelt wurde, da trauten sich in Europa nur sehr wenige, sehr mutige Männer mit ihren kaum ernsthaft als seetüchtig zu bezeichnenden Schiffchen aus der Sichtweite des Landes; da galt gar, in der Frühzeit der Schiffahrt, noch die Gelehrtenmeinung, wer sich zu weit auf den Ozean hinauswage, liefe Gefahr, „vom Rande der Erde herunterzufallen".

Sicher sahen auch die Polynesier eine Seereise über Tausende von Meilen nicht als Kinderspiel an, ebenso sicher jedoch auch nicht als unkalkulierbares Risiko (wie in unserem Kulturkreis). Schlimmstenfalls mußte eben ein Teil der Mannschaft als Proviant herhalten, wenn die mitgeführten Tiere nicht mehr ausreichten.

Als erstes europäisches Mehrrumpfboot wurde die *Invention I* bekannt, ein 1662 von dem Dubliner Arzt Sir William Petty konstruiertes Doppelrumpfboot. Petty fand sogar die

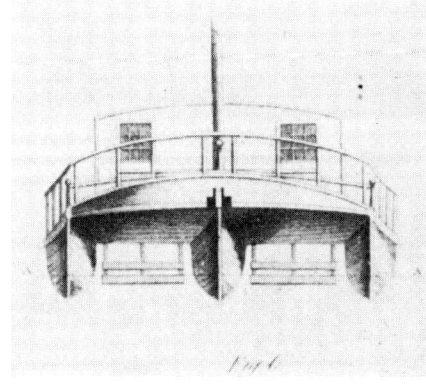

Ein von dem Schotten Patrick Miller im Jahre 1786 gebauter Trimaran

Gunst und Unterstützung von König Charles II. Ob Petty durch den holländischen Forscher (und Entdecker Neuseelands, der Tonga- und der Fidschi-Inseln) Abel Tasman, der Mitte des 17. Jahrhunderts die ersten — noch spärlichen — Berichte über diese Bootsart nach Europa brachte, zu seiner Konstruktion angeregt wurde, ist nicht bekannt. Nach dem Untergang seines dritten Doppelrumpfbootes schlief das Interesse an derartigen Schiffen wieder weitgehend

ein, zumal (wie auch Petty) keiner der Konstrukteure erkannte, daß das Geheimnis des Erfolges im Leichtbau zu suchen war.

Einen weiteren, teilweise erfolgreichen Anlauf unternahm der schottische Geschäftsmann Patrick Miller, der ab 1786 mehrere zwei- und dreirümpfige Schiffe baute (Abbildung links). Diese wurden von vielen Zeitgenossen zwar gerühmt ob ihres geringen Tiefgangs und der durchaus respektablen Geschwindigkeiten, konnten sich jedoch auf Dauer ebenfalls nicht durchsetzen.

Erst 1876 gelang dem „Zauberer von Bristol", dem Amerikaner Nathaniel Herreshoff, der konstruktive Durchbruch: Seine *Amaryllis* (Abbildung rechts), ein in den Grundzügen durchaus modern anmutendes Doppelrumpfboot von 7,60 m Länge, deklassierte die Flotte des New Yorker Yachtclubs derart, daß die Cluboberen für die Zukunft die Teilnahme solcher Schiffe an ihren Regatten glattweg verboten.

Wieder war eine Chance für die Katamarane vertan.

Interessant, was Herreshoff schon damals als für den Katamaranbau

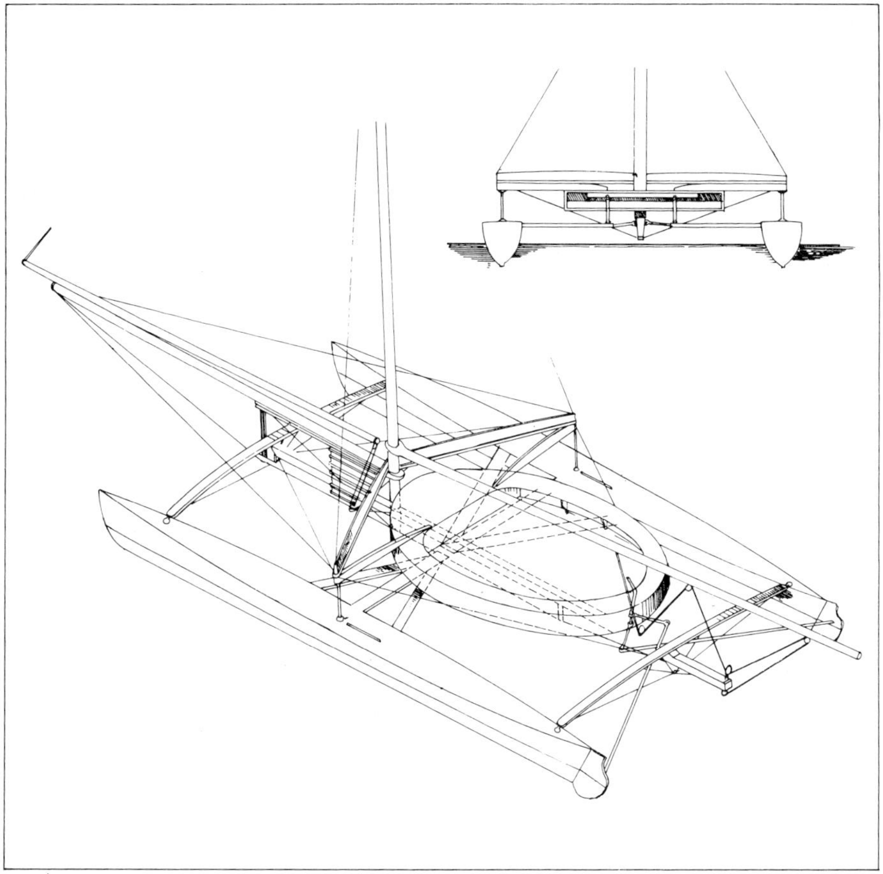

Die Amaryllis des Amerikaners Nathaniel Herreshoff war der erste konsequent auf Leichtbau ausgerichtete Katamaran

die Strecke in 14 Monaten nahezu problemlos hinter sich und bewiesen damit, von der breiten Segler-Öffentlichkeit kaum bemerkt, daß Doppelrumpfboote durchaus hochseetüchtig sein konnten.

Leichtbau brachte den Durchbruch

Der Ruhm, als „Männer der ersten Stunde" bezeichnet zu werden, gebührt in Europa den beiden englischen Brüdern Roland und Francis Prout (Foto). Die beiden Kanu-Athleten, Mitglieder des britischen Olympiakaders, wollten, so Roland, „nur mal sehen, was passiert, wenn man zwei Kanus zusammenbindet und ein Segel draufstellt". Diese Leichtbaukonstruktion erwies sich in Testfahrten trotz aller Mängel als dermaßen schnell, daß die Prouts vom Katamaranfieber gepackt wurden, weiter nachdachten und 1954 den ersten Prototyp des berühmten *Shearwater* präsentierten. 1957 wurde mit dem *Shearwater III* (Foto S. 14) bereits die erste englische Meisterschaft aus-

wichtig ansah: „Den Katamaran sollte man stets in seiner reinen Form belassen. Er ist eine leichte, luftige Maschine, die über das Wasser dahinfliegt. Versucht man, ihm eine Kajüte aufzubürden, geht all diese Leichtigkeit verloren, und ich bin sicher, daß solch ein Fahrzeug in jeder Hinsicht unbefriedigend wäre."

Dem Russen Viktor Tchetchet, der, wie schon gesagt, mit seinem selbstgebauten Katamaran 1909 eine

Regatta des Kaiserlichen Yachtclubs Kiew als erster beendete, erging es wie Herreshoff — weitere Starts wurden ihm untersagt, denn: Was er da habe, sei „kein Schiff".

Ein weiterer Meilenstein für die Mehrrumpfboote war zweifelsohne die Reise der Franzosen Eric de Bisschop und Joseph Tatibouet von Hawaii um das Kap der Guten Hoffnung nach Cannes (1937/38). Mit ihrem selbstgebauten Katamaran *Kaimiloa* (13,70 m Lüa) brachten sie

Die Gebrüder Roland (links) und Francis Prout waren die ersten Europäer, die einen Katamaran bis zur Serienreife entwickelten. Ihre Konstruktion, der Shearwater III, ist noch heute eine der aktivsten Regattaklassen Englands

gesegelt, und dieses Boot ist noch
heute, inzwischen stark modernisiert,
eine der stärksten Katamaranklassen
Englands.

Als 1954 Prinz Philip mit einem der
Shearwater-Prototypen segeln ging,
wurde der Kat sozusagen hoffähig,
und als die International Yacht
Racing Union (IYRU), der interna-
tionale Seglerverband, 1959 ihr
„Multihull Committee" gründete,
gehörten die schnellen Doppelrumpfboote endlich zum Segler-Establish-
ment.

England blieb die europäische Hoch-
burg des Katamaransegelns. Zwar
packte auch die kontinentalen Europäer das Kat-Fieber − 1957 wurde
der „Deutsche Cat Club" gegründet −,
und sogar die Russen wurden
aktiv (Abbildung rechts), aber die
weitere Entwicklung ist von den
Namen Prout *(Shearwater)*, Mazzotti
(Manta/Unicorn), MacAlpine-Downie
(Hellcat/Shark) und Rodney March
(Tornado/Dart) − um nur einige zu
nennen − nicht zu trennen.

Die IYRU erkannte frühzeitig die
Notwendigkeit einer Unterteilung
und schuf die A-, B-, C- und D-Division, nicht mehr als eine Orien-
tierungshilfe allerdings.

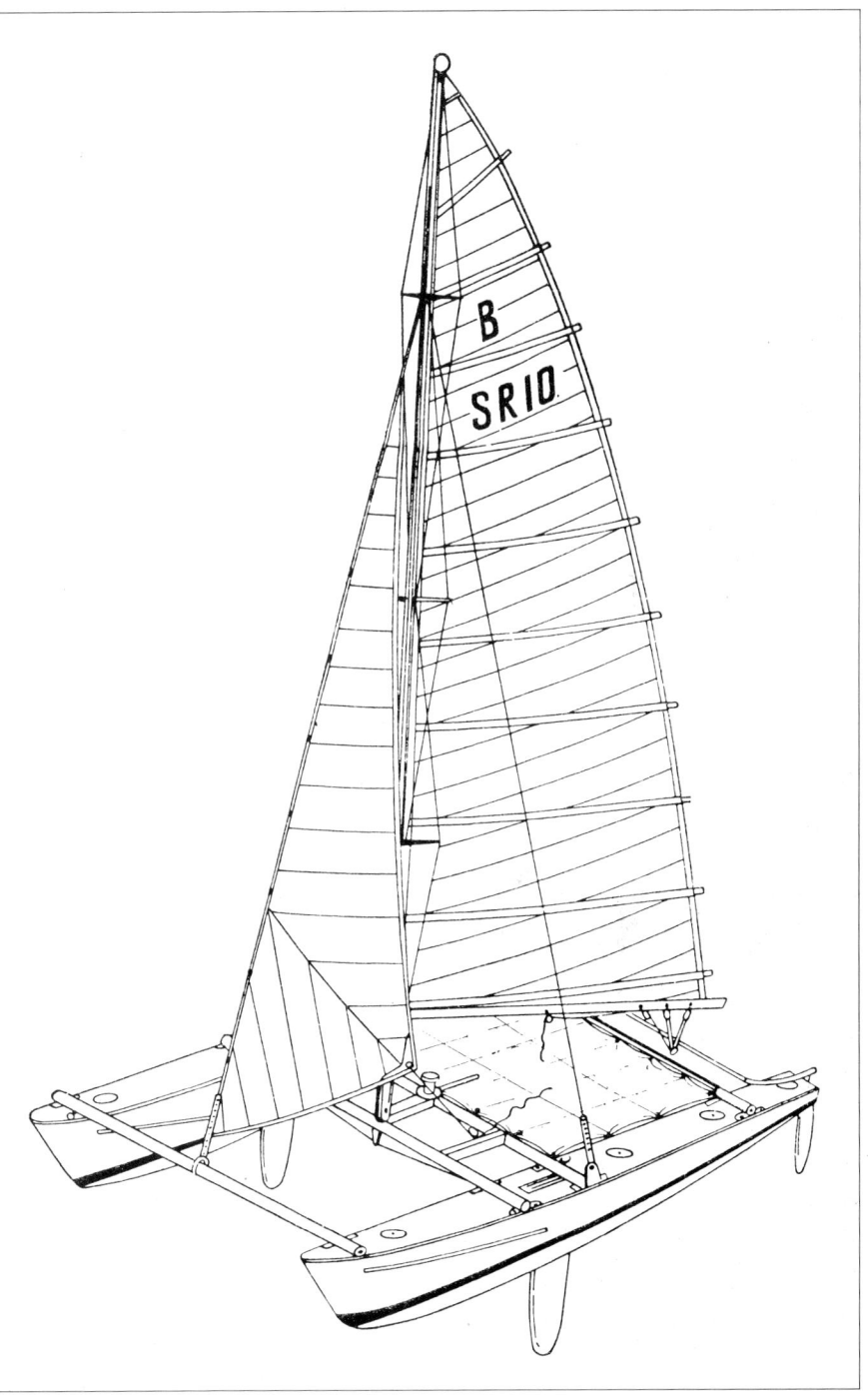

◀ *So sieht der Shearwater III nach beinahe
25 Jahren Entwicklung in voller Aktion
aus. Viele Jahre hindurch war dieser Katamaran der einzige mit Spinnaker, in letzter
Zeit entdecken auch andere Klassen dieses
Segel neu*

In den Jahren 1963 und 1964 konstruierten ▶
*die beiden Russen Romanow und Alekseew
einen auch nach heutigen Maßstäben durchaus modernen Katamaran der B-Division,
der sich in Regatten vor Leningrad als
außergewöhnlich schnell erwies*

Die Katamaran-Divisionen der IYRU		
A-Division	Länge über alles (ohne Ruder) Breite über alles Segelfläche incl. Mast und Baum* Einmannklasse	max. 5,48 m max. 2,30 m max. 13,94 m^2
B-Division	Länge über alles (ohne Ruder) Breite über alles Segelfläche incl. Mast und Baum Zweimannklasse	max. 6,09 m max. 3,05 m max. 21,83 m^2
C-Division	Länge über alles (ohne Ruder) Breite über alles Segelfläche incl. Mast und Baum Zweimannklasse	max. 7,62 m max. 4,27 m max. 27,80 m^2
D-Division	Länge über alles Breite über alles Segelfläche incl. Mast und Baum Dreimannklasse	frei frei 46,40 m^2

* Wegen des üblicherweise drehbaren Profilmastes stellen Mast und Baum beim Katamaran eine nicht unerhebliche zusätzliche Windangriffsfläche dar und sind daher bei der Gesamtsegelfläche mit berücksichtigt. Zum Beispiel machen beim *Wing* (A-Division) Mast und Baum mehr als zehn Prozent der Gesamtsegelfläche aus.

Als der *Tornado* (Foto), 1967 aus Vergleichswettfahrten der IYRU in der Themsemündung als „der" B-Kat hervorgegangen, für 1976 als erster Katamaran den olympischen Status erhielt, setzte der große Boom ein. Katamarantypen schossen aus den diversen Werfthallen wie die sprichwörtlichen Pilze – und die Käufer wurden zunehmend mehr verwirrt, als sich der „Glaubenskrieg" der Konstrukteure und derer, die sich so nannten, zuspitzte.

In der A-Division wurde seit deren Bestehen fröhlich konstruiert und weiterentwickelt, was zwar für die Entwicklung der Katamarane insgesamt wichtig, für die A-Klasse jedoch nicht unbedingt förderlich war. Jahrelang wurde die A-Division in Europa von zwei Bootstypen beherrscht: dem von dem Engländer John Mazzotti konstruierten *Unicorn* und dem *Wing*, den der Deutsche

Klaus J. Enzmann entwarf. In letzter Zeit allerdings machen schnelle Konstruktionen aus Italien von sich reden, der *Bim* von Michelangelo Petrucci und der *O.K.* von Corrado Sirri.

Die Entwicklung in Italien setzte erst relativ spät ein. Wesentlichen Anteil daran, daß Katamarane heute auch dort eine anerkannte Bootsklasse sind, steuerte die Ausschreibung der Regatta „Vele di Pasqua" in Cesenatico ausschließlich für Katamarane bei.

Dazu kommen jetzt auch noch die Australier und Amerikaner, die sich mit der A-Division in den letzten Jahren etwas gründlicher auseinandersetzten. Die Diskussionen, ob Einheitsklasse oder nicht, ob Begrenzung der Masthöhe oder nicht, erhitzen die Gemüter von Seglern und Klassenbossen, und wenn die A-Division diese Spannungen aushält (was zu

hoffen ist), darf man auf die Resultate gespannt sein.

A- und B-Division sind also sportlich aktiv und daher auch weitverbreitet. Von den C-Kats hört man wenigstens ab und zu etwas anläßlich der Rennen um den „Little America's Cup" – nur die D-Division liegt seit Jahren in einem Dornröschenschlaf. War die Einteilung der IYRU eine Fehleinschätzung?

Wir meinen, das ist nicht der Fall. Der Katamaran der D-Division könnte, wie kein anderer, zu einer Klasse der im Englischen so treffend als Camper-Cruiser bezeichneten Boote sicher erfolgreich beitragen; jedoch ist bisher anscheinend noch kein Konstrukteur auf diese Idee gekommen . . .

Neben der Entwicklung in den IYRU-Divisionen gab und gibt es natürlich auch eine sogar sehr rege Entwicklung in anderer Richtung: einerseits zur Rennklasse ohne Rücksicht auf die IYRU-Divisionen, andererseits zu reinen „Freizeitbooten", die deshalb sicher nicht als Boote zweiter Klasse anzusehen sind. Paradebeispiel dafür ist der mittlerweile über zehn Jahre alte *Hobie*, das Boot, das heute weltweit die stärkste Verbreitung aufweisen kann – nach Aussage der internationalen Klassenvereinigung sollen bereits fast 100000 Boote verkauft worden sein, und sie gibt ihre Mitgliederzahl mit rund 65000 an. Eine rasantere Entwicklung vom ursprünglich reinen Vergnügungsboot

Im Jahre 1967 segelte der Engländer Reg White den Tornado bei den Ausscheidungsregatten der IYRU zum Sieg. 1976 wurde er in dieser Klasse Olympiasieger. Auch heute noch segelt White aktiv; unser Foto zeigt ihn bei perfekter Fahrt während der Tornado-EM 1982 auf dem Gardasee

1980 brachten die beiden Amerikaner Steve Edmonds und Bill Roberts den „Supercat" auf den Markt. Als erster der modernen Konstruktionen gelang es diesem Katamaran, am Image des Tornado als schnellstem Katamaran zu rütteln. Durch die teleskopierbaren Holme bleibt der Supercat transportfreundlich

Die 18-m²-Klasse ist besonders in den USA stark verbreitet. Als Konstruktionsklasse läßt sie dem Designer viel Spielraum. Wie bei den Katamaranen der A-Division befruchtet diese Klasse die gesamte Szene. Unser Foto zeigt einen Nacra 5.5, der für die 18-m²-Klasse modifiziert wurde

Einen Ruf als robuster Allroundkat hat sich der G-Cat erworben, der 1976 von Horst Geissler in den USA gezeichnet wurde. 1981 folgte mit dem G-Cat 18 ein größerer Bruder. Beide gelten auch als familienfreundlich, denn mit einem Zelt über dem vorderen Trampolin ist der G-Cat törntauglich

Wie der Hobie baut der Prindle auf asymmetrische Rümpfe – kein Wunder, war Konstrukteur Geoffrey Prindle doch Mitarbeiter des Kaliforniers. Inzwischen zählt der 1972 konstruierte Katamaran nach den Hobies zu den am stärksten verbreiteten Klassen in der Welt der Katamarane

zur sportlich aktiven Klasse ist wohl kaum denkbar.

Der Kalifornier Hubert („Hobie") Alter, der „Erfinder" dieses Bootstyps, den es inzwischen in drei Größen als Hobie 14 (Foto), Hobie 16 und Hobie 18 gibt, hat sicher nicht geahnt, auf was er sich einließ, als er ein einfaches Boot nur zum Segeln aus Spaß an der Freud entwickelte.

Was Wunder, daß diesen Erfolg so mancher gerne nachvollziehen wollte – gelungen ist es keinem auch nur annähernd.

Immerhin hat Hubert Alter mit diesem Bootstyp eine Entwicklung eingeleitet, die noch lange nicht zu Ende ist. Und wer kann sagen, ob es nicht der richtigere Weg ist, nur zum Spaß zu segeln?

Katamarane – eine vielseitige Familie

In Anbetracht der polynesisch-europäischen Eltern der modernen Katamarane kann es nicht verwundern, wenn die zahlreichen Sprößlinge in Art und Anlage recht unterschiedlich ausgefallen sind. Wer heute auf zwei Rümpfen segeln möchte, hat die Qual der Wahl vom biederen bis zum exotischen Bootstyp, kann sich sein Boot als robustes Funboat oder als hypersensible Rennmaschine auswählen.

Leider wird der Bootskäufer auch heute noch von den Herstellern und Händlern mit Argumenten aus dem „Glaubenskrieg" der verschiedenen

Konstruktionsprinzipien bombardiert, was seiner Entscheidung insgesamt sicher nicht eben förderlich sein dürfte. Dieses Verhalten, das teilweise sogar bis in die Klassenvereinigungen durchfärbt, ist alles andere als geeignet, Ein- oder Umsteigern in Doppelrumpfboote eine Entscheidungshilfe zu geben. Dabei sind eigentlich alle Konzeptionen im wesentlichen ausgereift und für ihren jeweiligen Zweck durchweg gut geeignet.

Vielfältigkeit in Konstruktion und Konzeption muß letzten Endes sogar sein, denn allzuoft schließen sich, bedingt durch den vorgesehenen Zweck eines Bootstyps – zwischen Funboat und Rennmaschine –, bestimmte Konstruktionsmöglichkeiten gegenseitig aus. Schließlich ist jedes Schiff, und dies gilt ohne jede Einschränkung auch für Katamarane, ein Kompromiß; der Käufer muß entscheiden, was für ihn und das, was er mit seinem Boot machen möchte, wichtig ist.

Zu dieser Entscheidung soll das folgende Kapitel ein wenig beisteuern.

Konzeptionen und Klassen

Zwei Rümpfe sind besser als einer . . .

. . . soweit bewegen wir uns auf sicherem Pflaster (wenn wir auch schon die Einrumpfbootsegler schreien hören, aber die wollen wir hier mal ganz vergessen). Dann aber wird es schon etwas komplizierter: Welchem Material ist der Vorzug zu geben? Welche Bauweise hat welche Vorteile? Soll der Kat ein Schwert haben oder nicht? Welche Rumpfform ist vorzuziehen?

Befassen wir uns zunächst einmal mit dem Baumaterial. Unbestreitbar stellt Kunststoff heute den weit überwiegenden Baustoff auch bei Katamaranen dar. Holz ist zwar immer noch ebenfalls gebräuchlich, wird jedoch fast ausschließlich für reine Rennmaschinen verarbeitet — was ja letztlich deutlich für das Baumaterial Holz spricht.

Kunststoff ist weitestgehend unempfindlich gegen Verrottung, robust und pflegeleicht — wenn es auch nicht ganz ohne Pflege abgeht. Dazu kommt, daß Bootsbau in glasfaser-

verstärktem Kunststoff (GFK) serienfreundlich ist, was allerdings den Bootsbesitzer nicht so sehr interessiert wie den Hersteller. Doch läßt sich ein GFK-Schiff meist auch in Eigenarbeit reparieren — bei den heutigen Preisen ein nicht gering zu schätzender Vorteil.

Hauptnachteile bei der GFK-Bauweise sind das verhältnismäßig hohe Gewicht des Materials und seine relativ geringe Flächensteifigkeit, die mit Verstärkungen (meist in Form von Rippen oder Stringern) ausgeglichen werden muß. Dies führt wiederum zu mehr Gewicht, dies wieder zu stärkeren Verbänden und wieder mehr Gewicht — ein Teufelskreis, den nur gute Konstrukteure und Werften zu durchbrechen wissen.

Einen immer noch etwas exotischen Ruf hat die Bauweise in GFK-Sandwich. In der Regel wird sie heute nur bei Rennkatamaranen angewendet. Als Füllmaterial werden verschiedene Materialien verarbeitet; das klassische für die Zwischenschicht ist Balsaholz (Hirnholz). Inzwischen gibt es aber auch schon eine ganze Reihe von Kunststoffmaterialien, die sich gut bewährt haben: Honeycomb (eine Art

Bienenwabenmatte), Schaummatten, Kunststoffgranulat und nicht zuletzt Kunststoffmatten oder -flies (Zeichnung S. 22). Letzteres oft mit kleinen Löchern, die eine feste Verbindung zwischen den außenliegenden Laminatschichten gewährleisten. Wie reine GFK-Rümpfe sind Rümpfe in Sandwichbauweise pflegeleicht, jedoch erheblich leichter und weisen eine deutlich höhere Flächensteifigkeit auf — ideale Bauweise also?

Nein, auch nicht so recht, denn auch diese Bauart hat ihre Nachteile: Die verwendeten Materialien müssen chemisch sehr genau aufeinander abgestimmt sein, um eine permanente Verbindung zu garantieren. Die Rümpfe sind empfindlicher gegen Punktbelastungen, und einmal eingedrungenes Wasser (etwa bei einer Ramming) ist aus dem Sandwich kaum noch wieder herauszubekommen. Dazu sind Bauweise und Reparaturen wesentlich komplizierter als beim reinen GFK-Schiff.

Auch die Anbringung von Beschlägen muß beim Sandwichbau rechtzeitig geplant werden, da das Laminat an den entsprechenden Stellen ohne Sandwichschicht sein muß. Eine

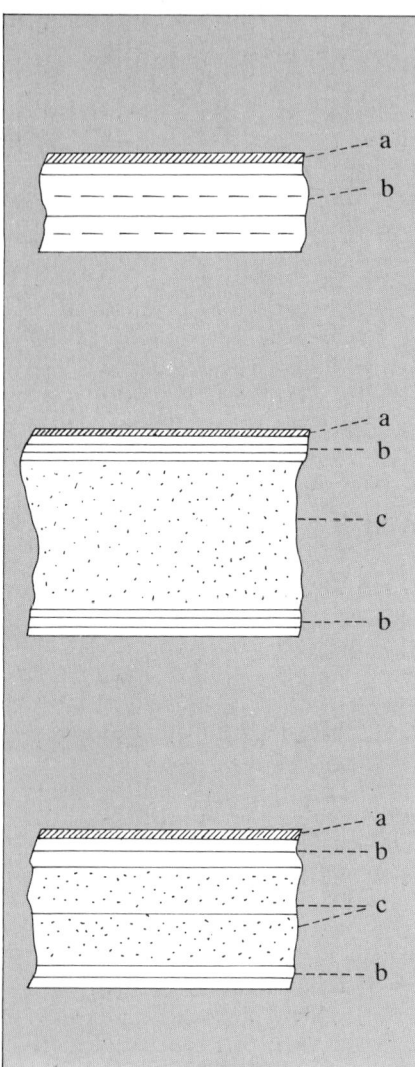

Oben: GFK-Bauweise. a = Gelcoat-Deckschicht 0,3 − 1,0 mm, b = GFK-Laminat aus Matte und Gewebe
Mitte: Sandwichbauweise. a = Gelcoat-Deckschicht 0,3 − 1,0 mm, b = GFK-Laminat aus Matte oder Gewebe, c = Schaum oder Balsaholz oder Harz-Glaskugel-Gemisch als Kernmaterial
Unten: Vlies-Sandwich. a = Gelcoat-Deckschicht 0,3 − 1,0 mm, b = GFK-Laminat aus Matte oder Gewebe, c = Vlies

nachträgliche Montage von Beschlägen an anderer Stelle ist daher für den Laien nur unter großen Problemen möglich.

Holz bleibt Holz

Mit Holz begann die Geschichte der Schiffahrt, und dank der Chemie − erst moderne Kleber machten die Entwicklung von wasserfestem Bootsbausperrholz möglich − ist dieses Baumaterial in den letzten Jahren wieder beliebter geworden, besonders bei Selbstbauern und für Rennmaschinen.

Legt man Vor- und Nachteile von Holz auf die Waage der Käufergunst, so sollte man eigentlich ein ausgewogenes Urteil erwarten. Erstaunlicherweise ist dem aber nicht so! Hauptgrund, warum der Großteil der Käufer vor einem Holzboot zurückschreckt, dürfte sein, daß es, auch

Die schnellste und preiswerteste Methode, einen Katamaranrumpf herzustellen, ist die Nähbauweise. Dabei werden zwei symmetrische Sperrholzplatten am Kiel mit Kupferdraht zusammengenäht und dann so weit auseinandergebogen, daß die endgültigen Winkel am Kiel entstehen. Dann wird der Kiel auf beiden Seiten mit Epoxidharz und Glasgewebe zusammenlaminiert (oben links). Nach ausgiebigem Anfeuchten (oben rechts) werden die Platten zusammengebogen und in eine vorbereitete Decksschablone gedrückt (unten rechts). Hier gezeigt an einem Tornado in der Werft von Herbert Glas, dem wohl erfahrensten Hersteller nach diesem Verfahren

wenn nach modernen Gesichtspunkten gefertigt wie etwa dem WEST-System, eben doch pflegeintensiver ist als ein reiner GFK-Bau. (WEST = Wood Epoxy Saturation Technique, ein Holz-Kunstharz-Tränkverfahren, das von den amerikanischen Brüdern Gougeon zur Serienreife entwickelt wurde. WEST = eingetragenes Warenzeichen.)

Der Vergleich mit dem Schiff in Sandwichbauweise liegt nahe.

Dabei ist Holz ein unübertroffen leichter Baustoff, mit dem sich darüber hinaus eine große Flächensteifigkeit erreichen läßt. Und — das mag für so manchen den Ausschlag geben — Holz eignet sich ideal für den Selbstbau, zumal von Katamaranen. Der Selbstbauer braucht keine aufwendigen und teuren Formen, denn er wird sein Schiff bevorzugt in Nähbauweise (Fotos) fertigen, wie sie bei den *Tornados,* den *Unicorns* und anderen seit Jahren üblich ist. Formverleimte Rümpfe gibt es in der Katamaranszene schon lange nicht mehr; der Aufwand erwies sich als zu groß, die Preise liefen davon.

Der Rumpf: ein tragendes Teil

Wer mit einem Katamaran liebäugelt, sollte neben dem Baumaterial auch der Tragfähigkeit der Rümpfe ausreichende Aufmerksamkeit schenken. Schon Nathaniel Herreshoff stellte seinerzeit fest, daß zuviel Gewicht von Übel sei. Bereits die übergewichtige Mannschaft eines kleinen Kats kann aus einem flotten Bolzen eine müde, noch dazu überschlaggefährdete Krähe machen (Foto S. 24). Ob nur Vater allein mit dem Katamaran segeln will oder ob Sohn oder Mutter, Tocher oder Oma mit dabeisein können, ist eine Frage der Verdrängung, auf die die jeweiligen Rümpfe ausgelegt sind. Selbst zwei Einhandsegler unterschiedlichen Gewichtes werden, wollen sie Regattaerfolge verbuchen, aus diesem Grund auf verschiedene Bootstypen

Drei ausgewachsene Männer auf einem kleineren Katamaran sind einfach zuviel. Die Wirkung ist auf dem Foto gut zu sehen: Das Boot liegt zu tief und zieht eine deutlich sichtbare Welle hinter sich her; die Beanspruchung der Verbände und des Riggs ist bei stärkerem Wind enorm groß. Durch das höhere Ausreitgewicht wird der Katamaran keinesfalls sicherer, sondern neigt zum Unterschneiden und wird in seinen Bewegungen zu träge

steigen. Daher sei dem Interessenten dringend angeraten, den Verkäufer – oder die Klassenvereinigung – nach der konstruktionsbedingten Maximalverdrängung zu befragen, auch wenn sich viele der häufig so smarten Verkäufer dann ein wenig winden werden.

Doch selbst der reine Freizeitsegler sollte seinen Kat nicht mutwillig überladen, denn der quittiert das neben mangelnder Geschwindigkeit mit wesentlich nasserem Segeln, ungewöhnlicher Trägheit und schnellerem Verschleiß.

Darüber hinaus empfiehlt es sich, revierbedingte Besonderheiten zu berücksichtigen: Für ein Revier mit viel Welle zahlt sich jeder Zentimeter mehr, den die Brücke über dem Wasser liegt, in trockenerem Segeln aus.

Im Kreuzfeuer der Meinungen: das Schwert

Bei den reinen Rennklassen der A-, B- und C-Division der IYRU ist das Schwert keine Frage: Es muß sein. Im Gegensatz zu anderen, sportlich nicht weniger aktiven Klassen; dort ist die Diskussion, ob „unten ohne" oder „mit", noch nicht ausgestanden und wird wohl auch noch lange weitergehen.

Zwei wesentliche Punkte sprechen für ein Schwert: Die Kreuzeigenschaften sind eindeutig besser und die Trimmöglichkeiten ungleich vielfältiger als bei einem Kat ohne Schwert. Dazu kommen – praktisch als Zugabe – zwei weitere Pluspunkte: Wenn es so hackt, daß die Sicherheit gefährdet ist, läßt sich beim Schwertboot das Leeschwert aufholen, wo-

durch der Leerumpf in einer Bö leichter wegrutschen kann, was einer Kenterung vorbeugt. Weiter stellt ein aus dem Rumpf ragendes Schwert eine gute Hilfe beim Wiederaufrichten dar.

Eine leichte Entscheidung also? Nein, denn Schwerter haben auch einige vertrackte Nachteile: Zum einen sind sie im Wasser und an Land ein empfindliches Teil, das leicht beschädigt werden kann. Zum anderen: Zwei Ruder hat der Katamaransegler ohnehin zu bedienen; die Mannschaft auf einem mit Schwertern ausgestatteten Kat muß sich aber darüber hinaus noch um die beiden Schwerter kümmern.

Und schließlich: Die Konstruktion ist aufwendiger, denn es sind ja auch zwei Schwertkästen zu bauen und abzustützen (die natürlich dicht sein müssen) – letzten Endes lauter Dinge, die Geld kosten, also auch bezahlt werden müssen, selbstredend vom Käufer.

Hat man sich für ein Schwertboot entschieden, ist man aus der Zwickmühle noch keineswegs heraus: Jetzt geht es um die Art des Schwertes. Üblich sind das Steckschwert und das Schwenkschwert. Die Entscheidung für das eine oder das andere ist nicht leicht.

Unbestreitbar ist das Steckschwert hydrodynamisch wirkungsvoller als das Schwenkschwert. Auch die

*Seine größere hydrodynamische Wirksam-
keit brachte dem Steckschwert dennoch
nicht den Durchbruch. Neben Problemen
in Ufernähe behindert ein teilweise oder
ganz aufgeholtes Steckschwert die Aktionen
der Crew doch recht erheblich*

Herstellung ist einfacher und billiger; dazu hat das Steckschwert ein geringeres Gewicht. Diesen nicht zu unterschätzenden Vorteilen stehen jedoch auch einige Nachteile gegenüber (erinnern Sie sich: „Alles ist ein Kompromiß!"). Läuft man mit einem Steckschwert auf, ist Bruch, oft auch am Rumpf, nahezu unvermeidlich; zieht man es hoch, behindert es fast immer die Aktionen der Mannschaft, besonders auf kleineren Kats.

Das Schwenkschwert (Fotos) dagegen läßt sich leicht aufholen, es bleibt im Schwertkasten unsichtbar, und beim Auflaufen kommt es in der Regel von selbst hoch, ohne daß Bruch zu befürchten ist. Auch die Trimmöglichkeiten sind beim Schwenkschwert besser, da der Lateraldruckpunkt nach achtern verlagert werden kann. Nachteile: der größere konstruktive Aufwand, die teurere Herstellung, das höhere Gewicht und der größere Platzbedarf. Besonders unangenehm an den Schwenkschwertern ist, daß sie hydrodynamisch nie so günstig sein können wie ein Steckschwert. Beim Schwenkschwert wird durch das Aufholen das Profil des Schwertes weniger strömungsgünstig (Zeichnung links). Auch die Abdichtung des freibleibenden Schwertkastenschlitzes dort, wo das Schwert ihn nicht schließt, ist bis heute nicht perfekt gelöst.

Als Material für die Schwerter haben sich Holz (stabverleimt, massiv), GFK (meist ein GFK-ummantelter Schaumkern) und Aluminium (hohl oder ausgeschäumt) bewährt.

Den vielfältigeren Trimmöglichkeiten des Schwenkschwertes − die Bilder zeigen ein Tornado-Schwert halb und ganz abgesenkt − steht eine schlechtere hydrodynamische Wirkung als Nachteil entgegen

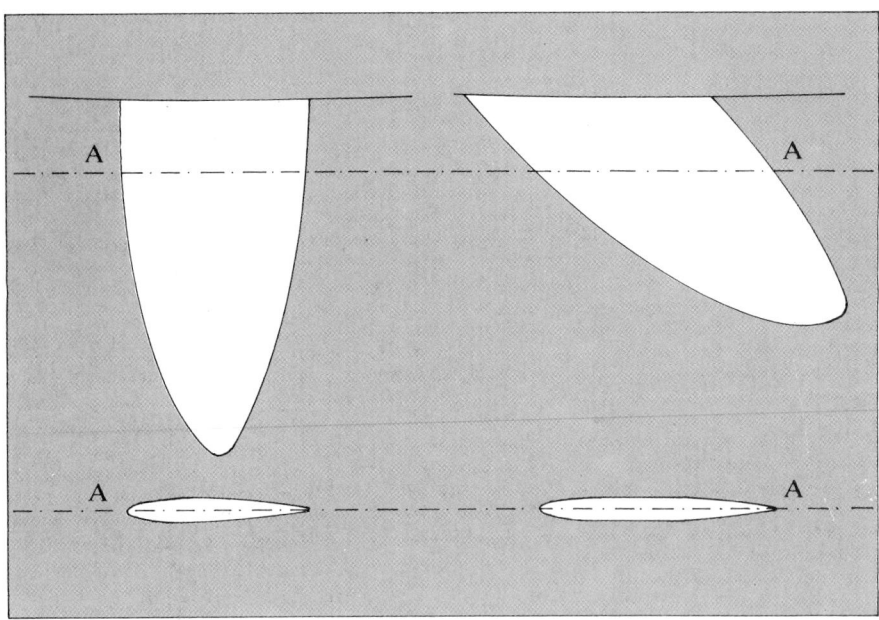

Profilveränderung bei einem Schwenkschwert in halb aufgefiertem Zustand (oben von der Seite gesehen, unten im Schnitt); A = Schnittebene

Besser ohne Schwert?

Die alten Polynesier seien schließlich auch ohne Schwerter gesegelt, ist eines der Argumente derjenigen, die Schwerter lediglich als antike Waffe gelten lassen wollen. Ganz richtig ist das jedoch nicht: Auf vielen polynesischen Doppelrumpfbooten wurden am Wind die Paddel seitlich am Rumpf so in Halterungen gesteckt, daß sie nicht nur als Trimmhilfe, sondern auch als wirksame Lateralfläche wirkten.

Die Argumente der „schwertlosen Fraktion" unter den Katamarankonstrukteuren sind dennoch beeindruckend:

Rümpfe ohne Schwert sind leichter zu bauen – und natürlich auch einfacher, was wiederum einen niedrigeren Preis für den Käufer erwarten läßt. Weiter gibt es bei den schwertlosen Kats keinen Ärger oder gar Bruch beim Auflaufen, sei es unterwegs auf ein im Wasser schwimmendes Hindernis, sei es beim Auffahren auf den Strand. Weniger Arbeit hat der Segler auch, braucht er sich doch nicht mit Auf- und Niederholern, Einstellung von Auflaufsicherungen oder ähnlichem zu befassen und hat auch weniger „Strippen" auf seinem Boot herumliegen.

Wo Sonne ist, ist auch Schatten, sagt ein Sprichwort; so ist es auch hier. Im Schatten liegen die schlechtere am Wind zu segelnde Höhe, die begrenzten Trimmöglichkeiten und die Tatsache, daß man das Boot bei Hack nicht kontrolliert nach Lee wegrutschen lassen kann.

Symmetrisch oder asymmetrisch?

Auch wenn es unsere Freunde aus dem *Hobie*- und *Prindle*-Lager nicht so gerne hören: Asymmetrische Rümpfe bieten keine nennenswerten physikalischen Vorteile.

Dies wurde nicht zuletzt bewiesen durch vom Massachusetts Institute of Technology durchgeführte umfangreiche Schleppversuche hinsichtlich der

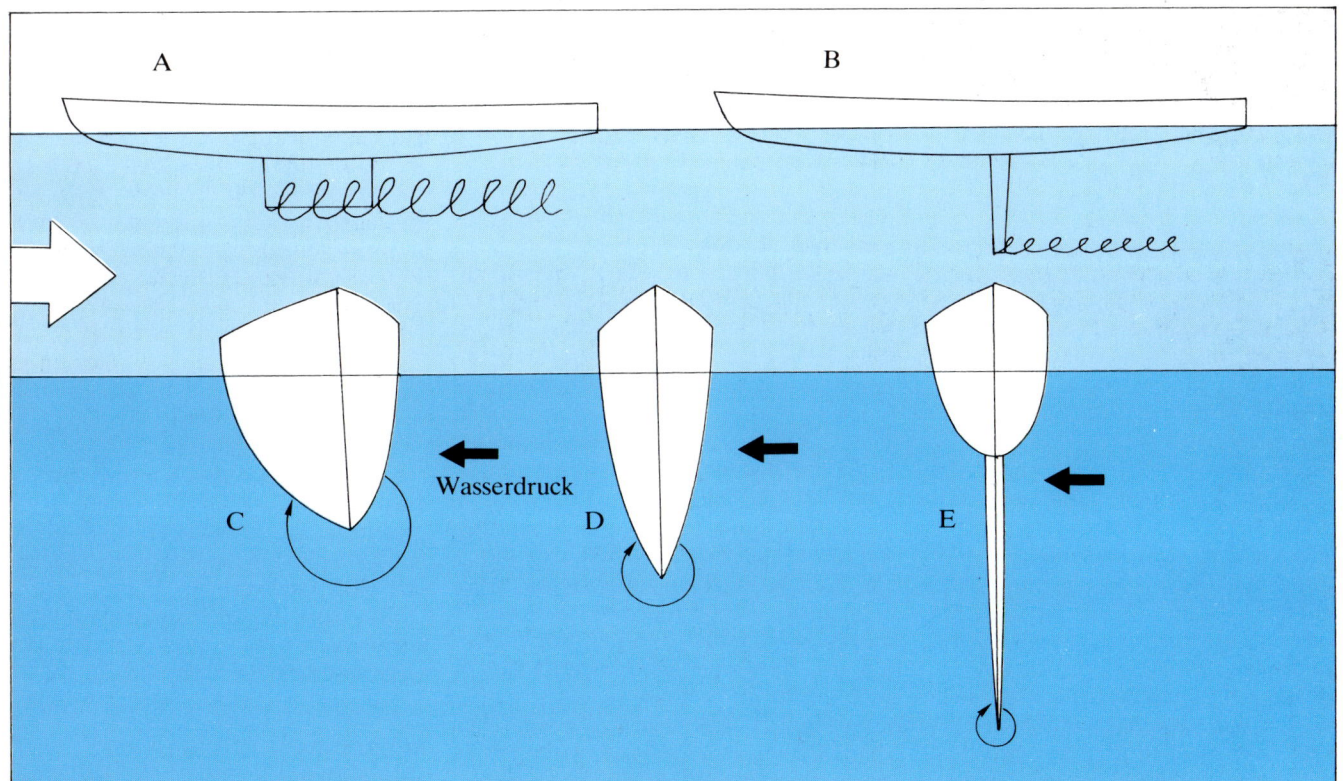

Der induzierte Widerstand entsteht an den Enden einer umströmten Auftriebsfläche. Es ist ein Wirbelzopf, der dadurch zustande kommt, daß die Luft oder das Wasser das Bestreben hat, über das Flügelende von der Druckseite auf die Unterdruckseite zu strömen
A: kurze und breite Auftriebsflächen = großer induzierter Widerstand
B: schmale und lange Auftriebsflächen = geringer induzierter Widerstand
C: asymmetrische Rumpfform = hoher induzierter Widerstand
D: symmetrische Rumpfform und tiefes V = günstiger
E: Schwert am günstigsten

induzierten Widerstände an Profilenden (Zeichnung S. 27) und durch die theoretischen und praktischen Untersuchungen von Rodney March (bevor er den *Dart* konstruierte). Selbst der Amerikaner Rudy Choy, einer der erfahrensten Katamarankonstrukteure der Welt, ist inzwischen von der asymmetrischen Form wieder abgegangen: Seine neueste Rennmaschine, die *Machete*, hat symmetrische Rümpfe mit Schwertern.

Zwei Gründe sprechen hauptsächlich gegen asymmetrische Rümpfe, zum einen ein rein physikalischer: Der Wirbel, der an der tiefsten Kante der Rümpfe entsteht, verursacht mehr Widerstand als an allen anderen Rumpfformen. Der zweite Grund ist ein wirtschaftlicher: Für einen Kat mit asymmetrischen Rümpfen müssen zwei Formen gebaut werden, was sich nur bei einer großen Serie lohnt — wie etwa bei den *Hobies* und *Prindles*.

Der an den Leerümpfen asymmetrischen Profils allgemein angenommene Auftrieb nach Luv kommt überhaupt nur dann zum Tragen, wenn der Luvrumpf tatsächlich voll aus dem Wasser abgehoben hat; in allen früheren Stadien bewirkt die Form des Luvrumpfes Auftrieb nach Lee und kompensiert so den gewünschten Effekt am Leerumpf. Zum anderen ist das Entstehen dieses Auftriebs an einem in der Welle laufenden Leerumpf umstritten. Hinzu kommt der erhöhte induzierte Widerstand.

Sich über Symmetrie oder Asymmetrie zu streiten, bringt jedoch unserer Meinung nach nichts. Lassen wir den *Hobies, Prindles* und anderen asymmetrischen Kats ruhig ihre Asymmetrie, denn schließlich sind alle Boote dieser Klassen gleich, so daß niemand benachteiligt wird — nicht zu vergessen die Vorteile eines schwertlosen Rumpfes.

Ein Kat ohne Ruder?

Den Katamaran ohne Ruder gibt es tatsächlich. Es ist der spanische *Patin a vela*, was übersetzt soviel wie Segelschlitten bedeutet. Gesteuert wird das Boot ausschließlich durch Gewichtsverlagerung des Skippers, der dazu noch fleißig mit der Schot arbeiten muß. Diese Erfindung der Spanier Lasaosa und Gebrüder Monge ist allerdings die Ausnahme, hat sich jedoch in den rund 60 Jahren ihres Bestehens zu einer in Spanien sehr populären Klasse ausgewachsen.

„Normale" Katamarane kommen ohne Ruder nicht aus. Erstaunlicherweise gibt es unter den Skippern kaum Diskussionen um die Art des Ruders — im Gegensatz zu der Schwertfrage. Dies ist nicht recht zu verstehen, ist doch das Ruder strömungstechnisch sicher nicht weniger wichtig und interessant als das Schwert.

Das Schwenkruder stellt die derzeit gebräuchlichste Form dar. Seine Vorteile sind die einfache Konstruktion, die nicht zu verachtende Sicherheit bei der Grundberührung (da das Blatt hochschwenken kann) und die meist sehr einfache Bedienung, da man heute bei fast allen Katamaranen mit Hebelübersetzungen über die Pinnen die Blätter auf- und niederfahren kann. Schwenkruder haben jedoch einen erheblichen Nachteil: Ihre exakte Einstellung ist sehr schwierig, da sie ein gewisses Minimum an Spiel haben müssen.

Beim Steckruder dagegen ist die Einstellung des Ruderblattes zum Rumpf einfacher, weil die Führung wesentlich exakter sein kann. Das Steckruder wird, selbst wenn es nicht

Da die Ruderblätter des Topcat in Strandnähe senkrecht hochgefahren werden (oben), ändern sich bei dieser Konstruktion Ruderdruckpunkt und Ruderdruck beim Aufholen des Blattes nicht. Bei versehentlichem Auflaufen schwenkt das Blatt jedoch wie konventionelle Ruderblätter nach hinten aus (unten)

voll abgesenkt ist, auch ohne den bei teilweise hochgeholten Schwenkrudern dramatischen Ruderdruck arbeiten. So ganz ideal ist aber auch diese Ruderform nicht, da die Anbringung einer Auflaufsicherung nicht unproblematisch ist.

Die technisch saubere Lösung, wie sie etwa beim *Topcat* gefunden wurde (Fotos links), zeigt den richtigen Weg, ist aber sicher nur bei größeren Serien wirtschaftlich sinnvoll.

In vielen Katamaranklassen werden inzwischen teilbalancierte Ruder gefahren, deren Funktion aus der Zeichnung ebenso ersichtlich ist wie die von vollbalancierten und angehängten Rudern. Während letztere allgemein üblich sind, trifft man vollbalancierte Ruder äußerst selten an. Beim teilbalancierten Ruder steht der Bequemlichkeit des fehlenden Ruderdrucks aber eben dieser fehlende Ruderdruck als Nachteil gegenüber. Schließlich signalisiert Ruderdruck ja nicht mehr und nicht weniger, als daß mit dem Trimm des Schiffes etwas nicht stimmt. Einem nicht außergewöhnlich aufmerksamen Steuermann entgeht also ohne die Mitteilung über die Ruder möglicherweise, daß er sein Boot falsch getrimmt hat – auf einer Regatta wundert er sich dann, warum er hinterherfährt.

Neben dem Profil und der Oberfläche der Ruder Ihres Kats sollten Sie auch dem System der Auflaufsicherung häufig Aufmerksamkeit angedeihen lassen. Eine Auflaufsicherung, die nicht fest genug einzustellen ist, kann Sie den Sieg in einer Regatta kosten, wenn die Blätter plötzlich von selbst hochkommen. Eine nicht zuverlässig arbeitende Auflaufsicherung kann Sie um die Werftkosten für einen neuen Spiegel erleichtern.

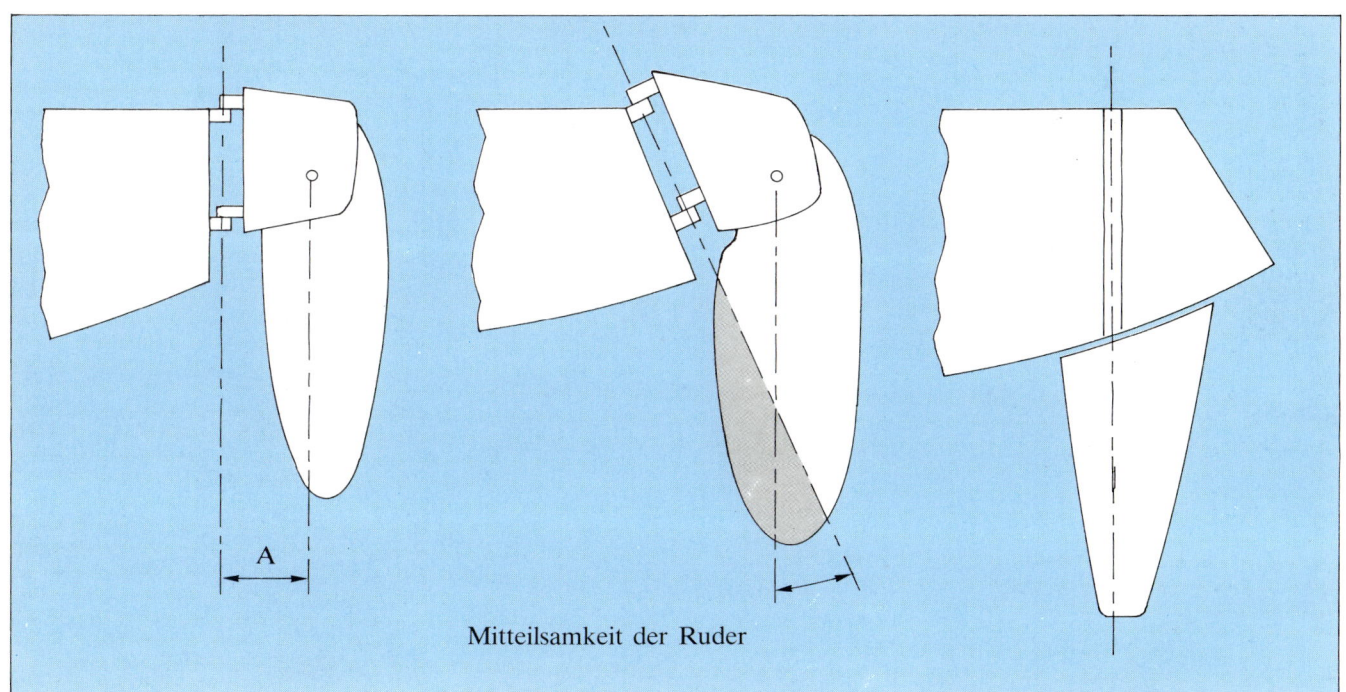

Mitteilsamkeit der Ruder

Angehängtes Ruder (großer Abstand A zwischen der Ruderdrehachse und der Ruderblatt-Auftriebsachse):
+ hohe Mitteilsamkeit
+ geringe Belastung
+ hoher Wriggeffekt
– hoher Ruderdruck
(A-Kat, Topcat)

Teilbalanciertes Ruder (der kleinere Teil der Ruderblattfläche befindet sich vor der Drehachse, der größere hinter der Drehachse):
± mittlere Mitteilsamkeit
– höhere Belastung
± geringerer Wriggeffekt
+ niedriger Ruderdruck
(Tornado, Dart, Hobie)

Vollbalanciertes Ruder (die Ruderdrehachse und die Ruderblatt-Auftriebsachse sind identisch):
– keine Mitteilsamkeit
– hohe Belastung
– kein Wriggeffekt
+ kein Ruderdruck
(O.K., viele Kreuzer-Katamarane)

Katamaran mit Motor?

Einen Katamaran mit Motor wollen wir Ihnen hier nicht vorstellen. Der „Motor" Ihres Kats sind natürlich die Segel und das Rigg, an dem sie (hoffentlich) perfekt stehen.

Mit einem Katamaran bewegen Sie sich in der Regel wesentlich schneller durch Luft und Wasser als mit einem Einrumpfboot. Deshalb sollte sich der Katamaransegler etwas intensiver mit Aero- und Hydrodynamik auseinandersetzen als sonst üblich. Das Standardwerk von Marchaj, „Aerody-

namik und Hydrodynamik des Segelns" (Verlag Delius Klasing), läßt keine Fragen mehr offen, fordert jedoch vom Leser exaktes Studium und physikalische Vorkenntnisse. Für das gesamte Katamaranrigg gilt, daß es in der Lage sein muß, wesentlich größere Kräfte aufzunehmen und umzuleiten als das von Einrumpfbooten. Wenn bei einer Einrumpfyacht bei zehn Knoten Wind die am Rigg auftretende Kraft mit 100 Prozent angenommen wird,

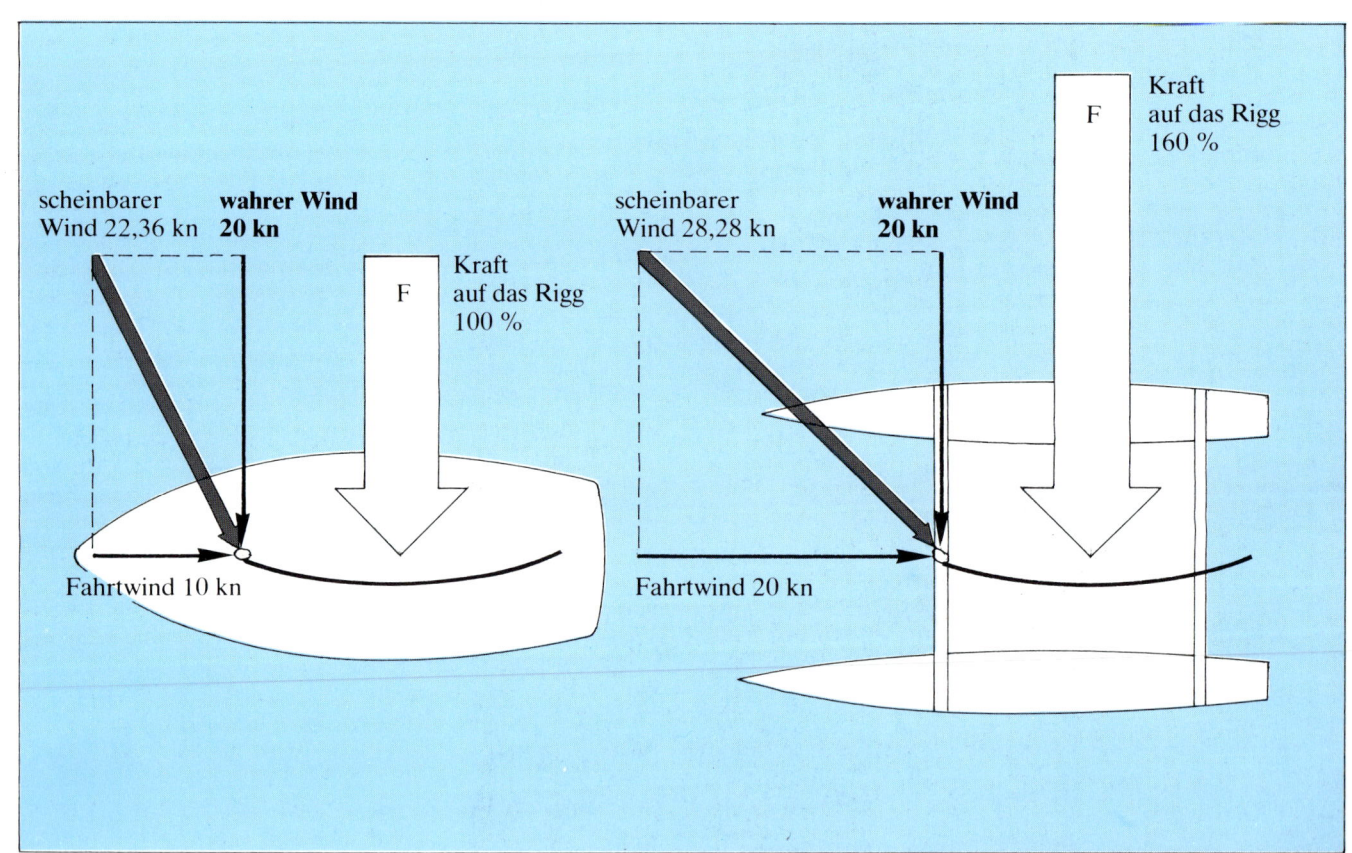

Vergleich der Kräfte, die bei gleicher Segelfläche und gleicher Windstärke allein durch den erhöhten Fahrtwind auf ein Rigg einwirken: links Jolle, rechts Katamaran (vereinfachte Rechnung nach dem scheinbaren Wind)

Damit der Mast leicht um seine Längsachse drehen kann, werden Wanten, Vorstag und Trapezdraht, neuerdings auch öfter die Diamonds, an einem einzigen Hauptbeschlag – einer vorspringenden Nase – zusammengeführt. Beim Topcat ist dies lediglich ein Haken, in den ein Ring mit dem gesamten stehenden Gut eingehängt wird (vorn), beim Tornado ein robuster Niro-Beschlag, in den die Drahtseile eingeschäkelt werden (dahinter)

macht die Belastung bei einem Mehrrumpfboot nur durch die höhere Geschwindigkeit bereits 160 Prozent aus (Zeichnung links).

Kein Wunder also, wenn die Materialstärke von Wanten und Stagen bei Kats überdimensioniert erscheint. Derzeitiger Stand der Technik ist es, Wanten und Vorstag an der Vorderseite des Mastes in einem Punkt aufzuhängen (siehe Foto). Dadurch kann der Mast hinter dieser Aufhängung frei drehen und somit zu einem aerodynamisch guten Segelprofil sehr viel beisteuern.

Drehende Masten sind inzwischen bei nahezu allen Katamaranen üblich. Bei vielen Klassen werden die Masten, deren Profile nach Möglichkeit schmal und lang sein sollen, seitlich noch durch Diamonds versteift. Wie die Zeichnungen auf Seite 32 verdeutlichen, wäre eigentlich das Starrflügelsegel die Ideallösung, da es die besten aerodynamischen Werte erbringt. Allerdings ist bis jetzt noch kein Konstrukteur mit den Problemen fertig geworden, die diese Riggart mit sich bringt.

Starrflügelriggs wurden bisher fast ausschließlich bei den Katamaranen der C-Division erprobt, die um den „Little America's Cup" segeln. Dort sind sie seit 1982 zugelassen.

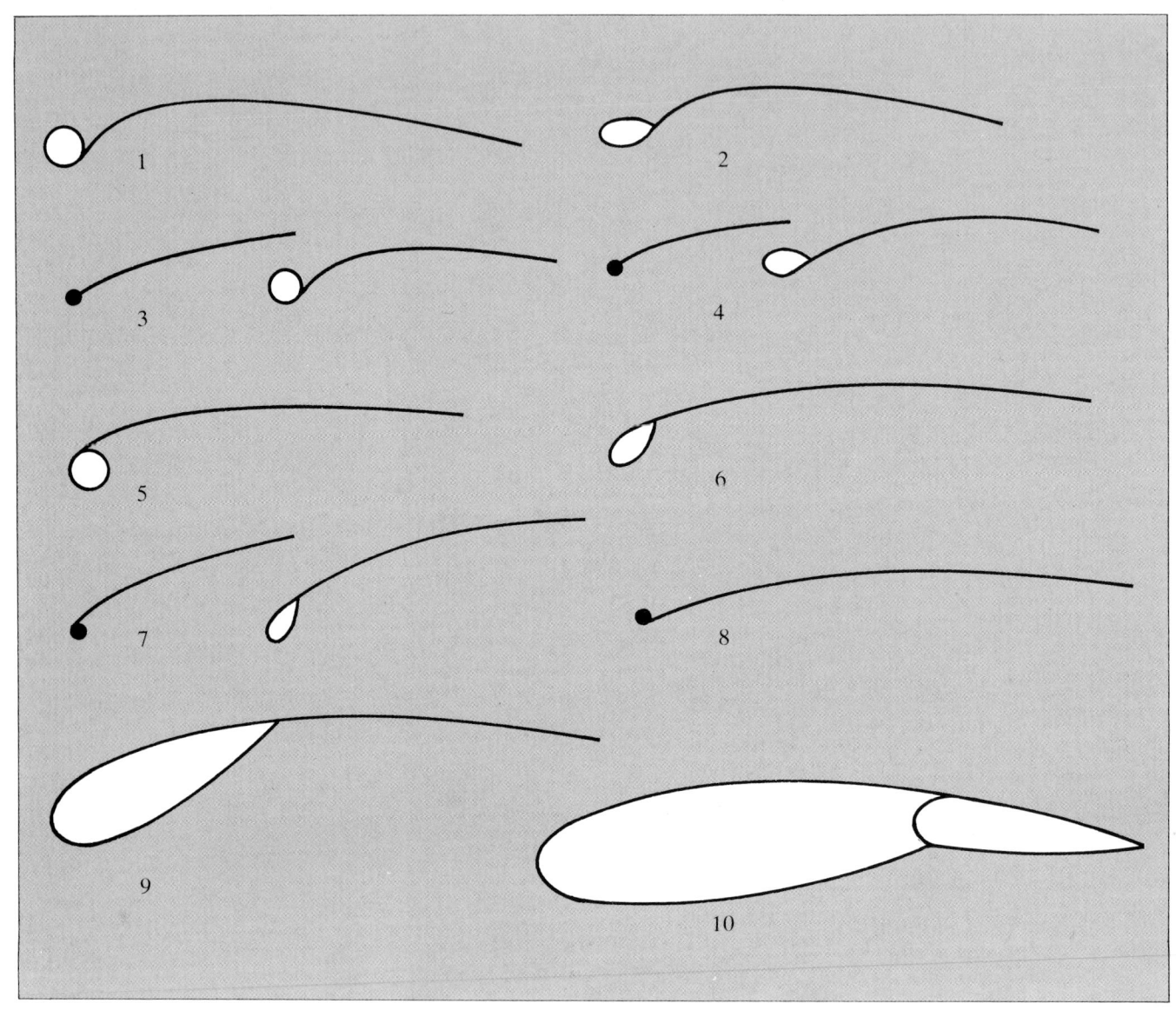

Die Wirksamkeit der verschiedenen Rigg-
profile beziehungsweise Anströmkanten im
Vergleich (gleiche Segelfläche und Lattensegel vorausgesetzt)
1 runder Mast, nicht drehbar = 63 %
2 Profilmast, nicht drehbar = 65 %
3 runder Mast, nicht drehbar,
   mit Fock = 71 %
4 Profilmast, nicht drehbar,
   mit Fock = 73 %

5 runder Mast, drehbar,
   mit oder ohne Fock = 78 %
6 Profilmast, drehbar,
   ohne Fock = 82 %
7 Profilmast, drehbar, mit Fock = 83 %
8 Vorsegel allein = 83 %
9 Tragflügel-Profilmast, 30−40 % der
   Profillänge = 94 %
10 starrer Tragflügel mit Wölbungs-
   klappen = **100** %

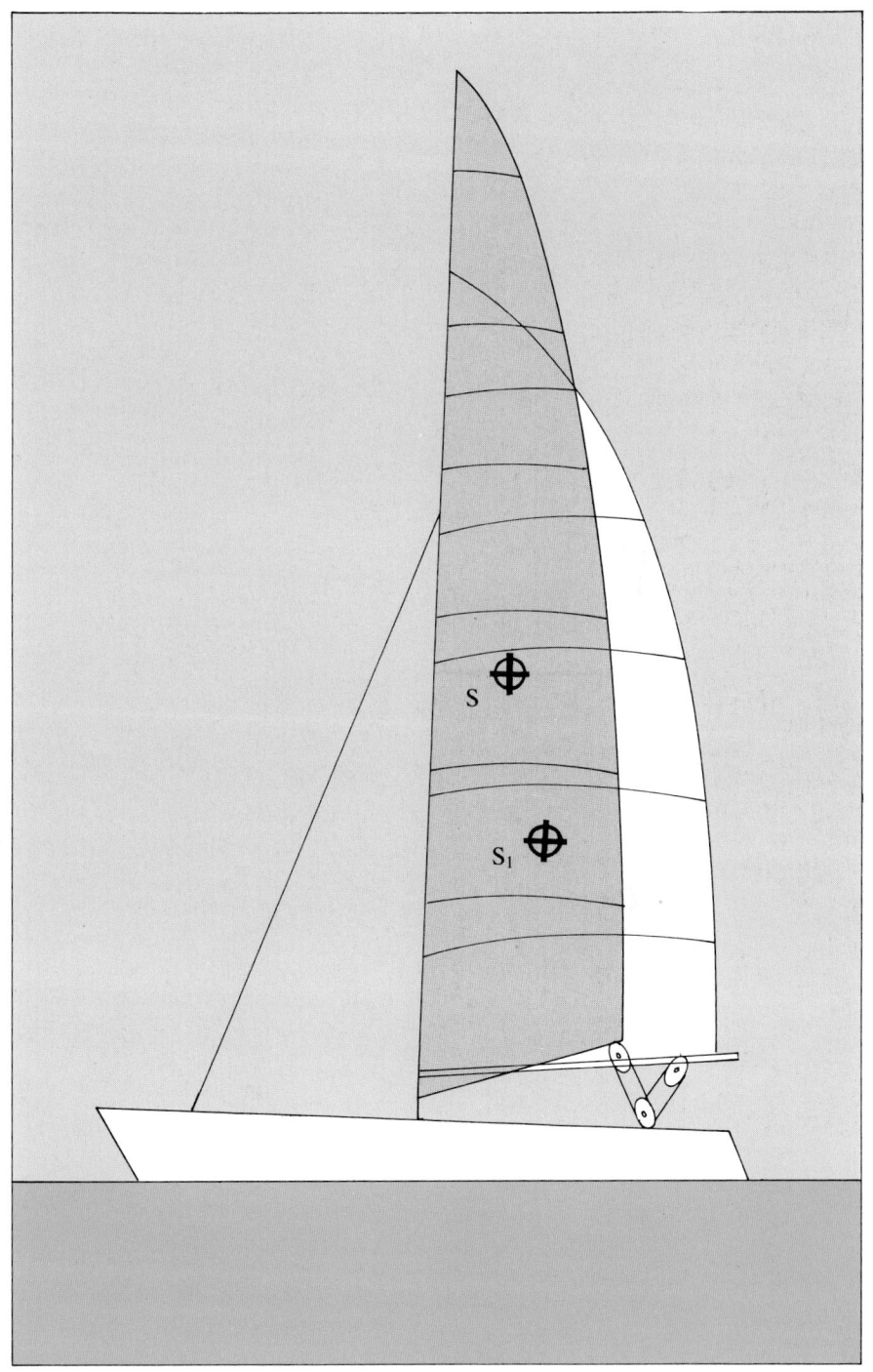

Bei einem Rigg mit Baum kann bei gleicher Segelfläche der Segelschwerpunkt (S) nach unten verlagert werden (S₁)

Es wird also wohl bis auf weiteres beim drehbaren Mast mit Lattensegel bleiben.

Das früher so beliebte Birnenprofil der Masten ist inzwischen − soweit es die Klassenvorschriften gestatten − in der Profillängsachse kräftig gewachsen, in der -querachse dagegen geschrumpft und nähert sich immer mehr dem aerodynamischen Ideal an. Abhängig ist diese Entwicklung nicht zuletzt von den Kosten, die durch die erforderlichen Material- und Strömungstests verursacht werden. Die Zukunft wird den kleinen, vorsichtigen Schritten in Richtung des aerodynamischen Fortschritts gehören.

Der Baum: Reffhilfe oder Guillotine?

Kein Wunder, daß die ersten Katamarane mit einem Baum ausgerüstet wurden: Vom traditionellen Bootsbau her kannte man es nicht anders. Da die Segler im übrigen erst lernen mußten, mit den schnellen Booten umzugehen, galt es zunächst, den Segelschwerpunkt möglichst tief zu halten − aerodynamisch zwar ungünstig, in Handling und Sicherheit jedoch besser (Zeichnung rechts). Bei gleicher Segelfläche kann der Konstrukteur heute, wenn es die Klassenvorschriften erlauben, ein höheres Rigg konzipieren, bei dem dann automatisch das Schothorn nach vorne wandert und damit auch der nötige Zugwinkel für die Schot entsteht (nämlich nach vorne oben).

Das baumlose Großsegel hat sich besonders bei den neueren Funcats durchgesetzt; die geringere Verletzungsgefahr wiegt die etwas schlechtere Feineinstellung des Unterlieks voll auf. Bei den Rennklassen wird man vom Baum wohl nicht so schnell loskommen, wenn es auch inzwischen A-Kats gibt, die sich mit baumlosem Segel als durchaus wettbewerbsfähig erwiesen haben (siehe Foto).

Einen Vorteil kann selbst der Gegner dem Großbaum nicht absprechen: Reffen ist nur bei einem an einem Baum gefahrenen Großsegel möglich, wie etwa beim *Hobie,* der ursprünglich für ein Starkwindrevier konzipiert wurde. Sieht der Konstrukteur einen Baum vor, sollte er unbedingt ein offenes Unterliek vorschreiben, da nur damit eine wirksame Feineinstellung des Segels möglich wird.

Zur Reduzierung des recht beträchtlichen induzierten Widerstandes am Unterliek hat sich heute eine Schrägstellung des Unterlieks durchgesetzt (Zeichnung unten).

Erster Vertreter der baumlosen Katamarane innerhalb der Rennklassen war einst der O.K. Auch ohne Baum erwies sich dieses Boot als durchaus wettbewerbsfähig

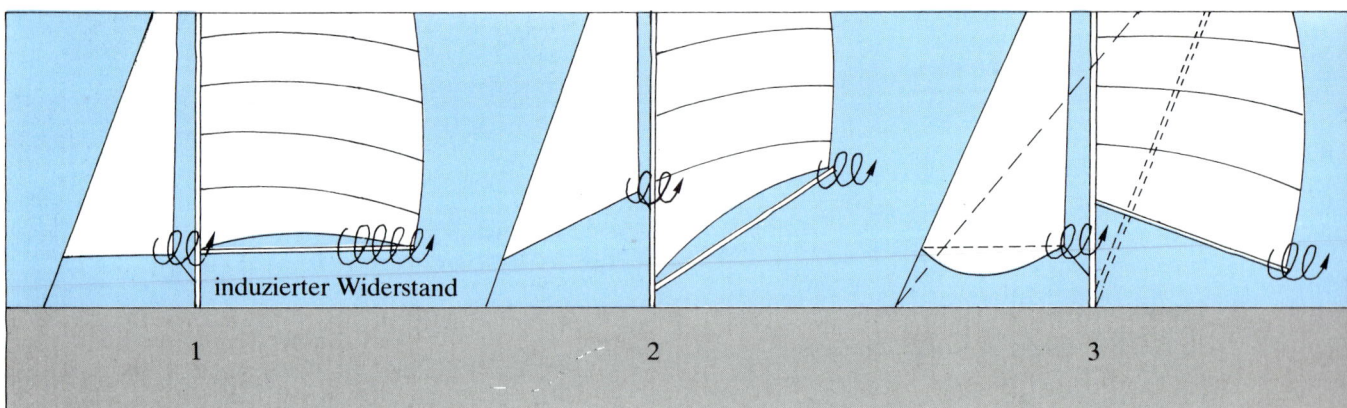

Ungünstig:
waagerechtes, langes und offenes Unterliek; im Baum geführt, wäre in diesem Fall günstiger

Besser:
Unterliek schräg nach oben offen gefahren, Unterliek kürzer

oder: Unterliek Fock abgerundet und Wölbung eingenäht
oder: Baum schräg nach unten, Unterliek im Baum geführt
oder: Kombination von 2 und 3

Vormarsch
der Unbeugsamen

Steifes oder flexibles Rigg? Die
Diskussion über diese Frage ist noch
nicht beendet. Als steif wird ein
Mast bezeichnet, der sich sowohl in
Profillängs- als auch in Profilquerachse
nur wenig oder gar nicht durchbiegt,
während die flexiblen Masten in
beiden Profilachsen biegsam sein
müssen (Zeichnung rechts).
Zwei wesentliche Gründe sprechen
für den weiteren Vormarsch der
steifen Masten: Zum einen ist das
Segel leichter zu trimmen, da Profil-

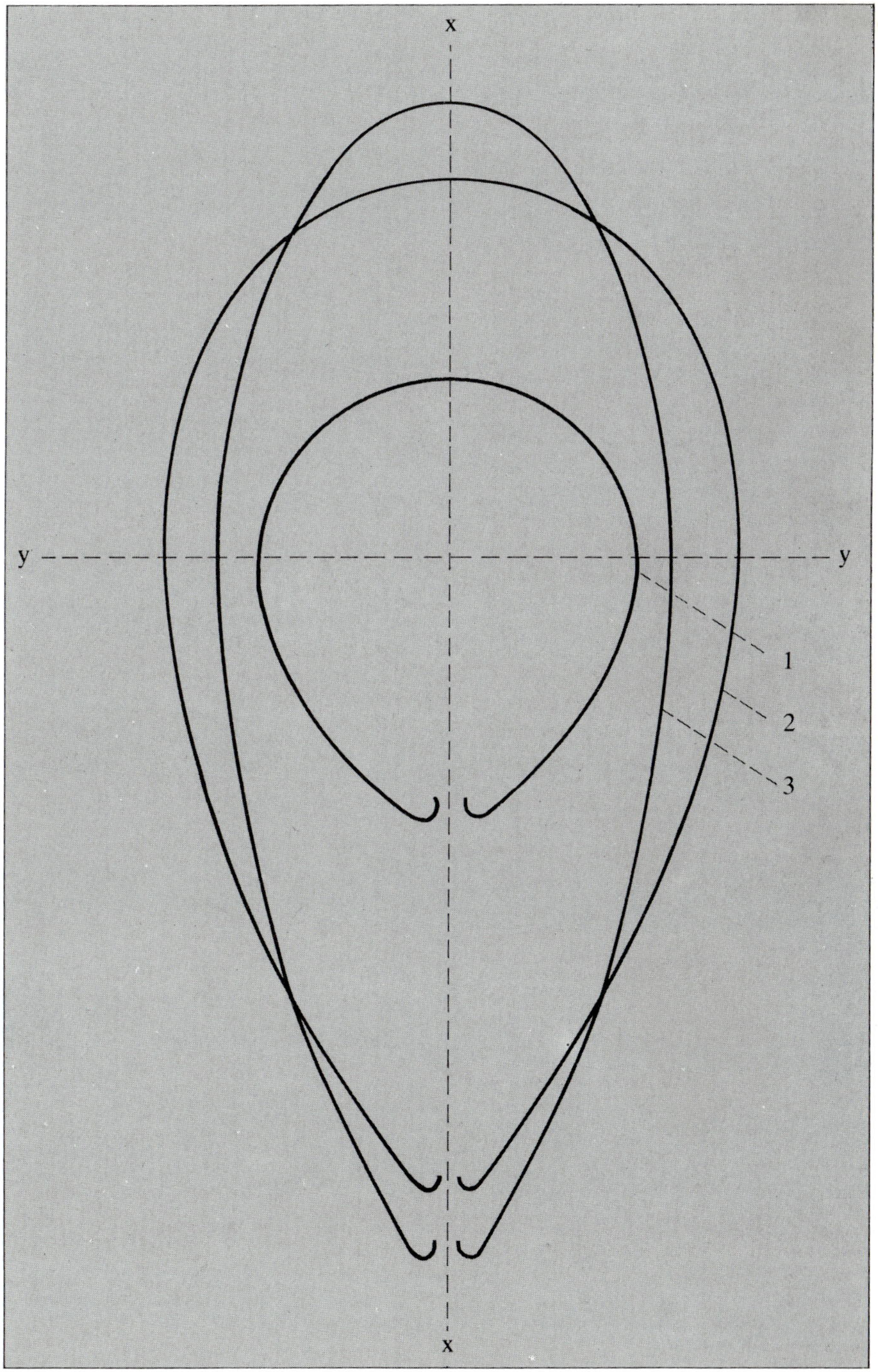

Mastprofilachsen (die Masten sind nor-
malerweise in der x-Achse erheblich steifer
als in der y-Achse)
Profil 1 (Unicorn = A-Division):
extrem flexibel in der x-Achse wie auch in
der y-Achse
Profil 2 (Tornado, Topcat, Dart):
normal flexibel und viel verwendet
Profil 3 (Wing = A-Division):
in der x-Achse fast starr, in der y-Achse
normal flexibel

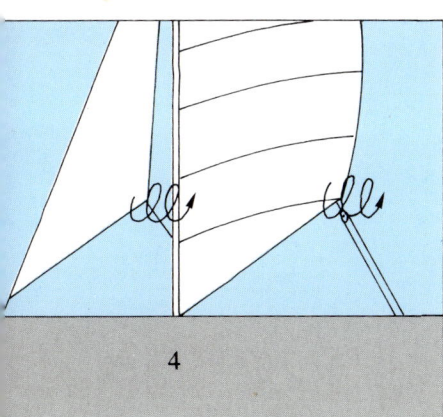

Am günstigsten:
schmale, hohe Segel mit kurzem, schrägem
Unterliek,
Großsegel ohne Baum

35

tiefe und -form nur durch Vorliek-spannung, Unterliekausholer und Lattenspannung zusammen mit dem Schotzug reguliert werden. Zum anderen ist der aerodynamische Wirkungsgrad bei modernen Riggs bereits so gut, daß er nur noch durch einen Starrflügelmast mit Klappen oder Segel zu verbessern wäre (siehe Zeichnung auf Seite 32). Da sich bei einem steifen Mast der gewünschte Vortrieb auch ohne Fock erreichen läßt, kann der Konstrukteur ohne größere Einbußen an Leistung auf das Vorsegel verzichten.

Trotz aller Vorzüge aber weist das steife Rigg auch einige Nachteile auf, die seinen endgültigen Siegeszug bisher verhindert haben. Masten mit der verlangten Härte und dem gewünschten aerodynamischen Profil sind deutlich schwerer als flexible Masten mit ihrem durchweg kleineren Querschnitt. Bedingt durch das höhere Gewicht entstehen stärkere Toppkräfte, das Nicken oder Pendeln des Bootes wird unterstützt.

Hinzu kommt, daß starre Masten (üblich sind Profiltiefen bis etwa 150 mm, da noch aus Aluminium zu

Im Februar 1974 brach bei den Wettfahrten um den „Little America's Cup" die Aera der Starrflügelriggs an. Die australische „Miss Nylex" mit dem Tragflügelrigg von 10,9 m Höhe und 27,8 m² Fläche schlug die neuseeländische „Miss Star Travel", die mit Profilmast und Lattensegel angetreten war, glatt 4:0
Die Hauptprobleme der Starrflügelriggs sind die Unhandlichkeit und ihre starke Anfälligkeit gegen falsche Anstellwinkel

ziehen) aufwendiger zu bauen – sie müssen in der Regel mit Innenstegen versteift werden – und daher teurer sind als flexible Masten.

Letztlich stellt ein Profilmast eine Windangriffsfläche dar (siehe Fotos), und so mancher damit ausgerüstete Katamaran ist schon an der Boje oder an Land gekentert. Abhilfe schafft man da nur, wenn man den Mast jedesmal nach dem Segeln sofort umlegt – ein etwas umständliches Verfahren.

Größter Vorteil des flexiblen Riggs ist, daß sich mehr Möglichkeiten zum Trimm des Großsegels ergeben. Durch die Biegung des Mastes läßt es sich in seiner Form erheblich variieren, was zur Folge hat, daß der Abstimmung zwischen Mast und Segel beim flexiblen Rigg wesentlich mehr Aufmerksamkeit zu widmen ist. Die Fotos auf den folgenden beiden Seiten verdeutlichen die vielfältigen Trimmöglichkeiten des flexiblen Riggs. Je größer aber die Trimmöglichkeiten, um so größer auch die Gefahr, das Segel zu vertrimmen – im Extremfall immer oder nur für die Dauer einer Wettfahrt. Da flexible Riggs nie die aerodynamische Leistung eines starren Riggs erreichen, ist die Fock zur Unterstützung durchaus sinnvoll.

Während sich bei den Katamaranen der C-Division Profilmasten längst durchgesetzt haben, blieben in den anderen Rennklassen Konstruktionen wie die des Schweizers Rudi Schmid eine Ausnahme. Das Foto zeigt seinen Wing mit einem ausgeprägten Tragflügel-Profilmast

Das flexibelste Rigg aller derzeit gebräuchlichen Katamarane weist der Unicorn auf. Bei diesem Bootstyp fährt man einen in beiden Achsen sehr biegsamen Mast, die Segel können daher besonders voll geschnitten werden (rechts oben). Zunächst wird das Segel durch den Schothorn-Ausholer so weit wie möglich flachgezogen (rechts). Reicht dies nicht aus, wird mittels Großschot und Vorliekstrecker die Mastbiegung so verstärkt, daß das Segel brettflach gezogen wird (rechts unten)

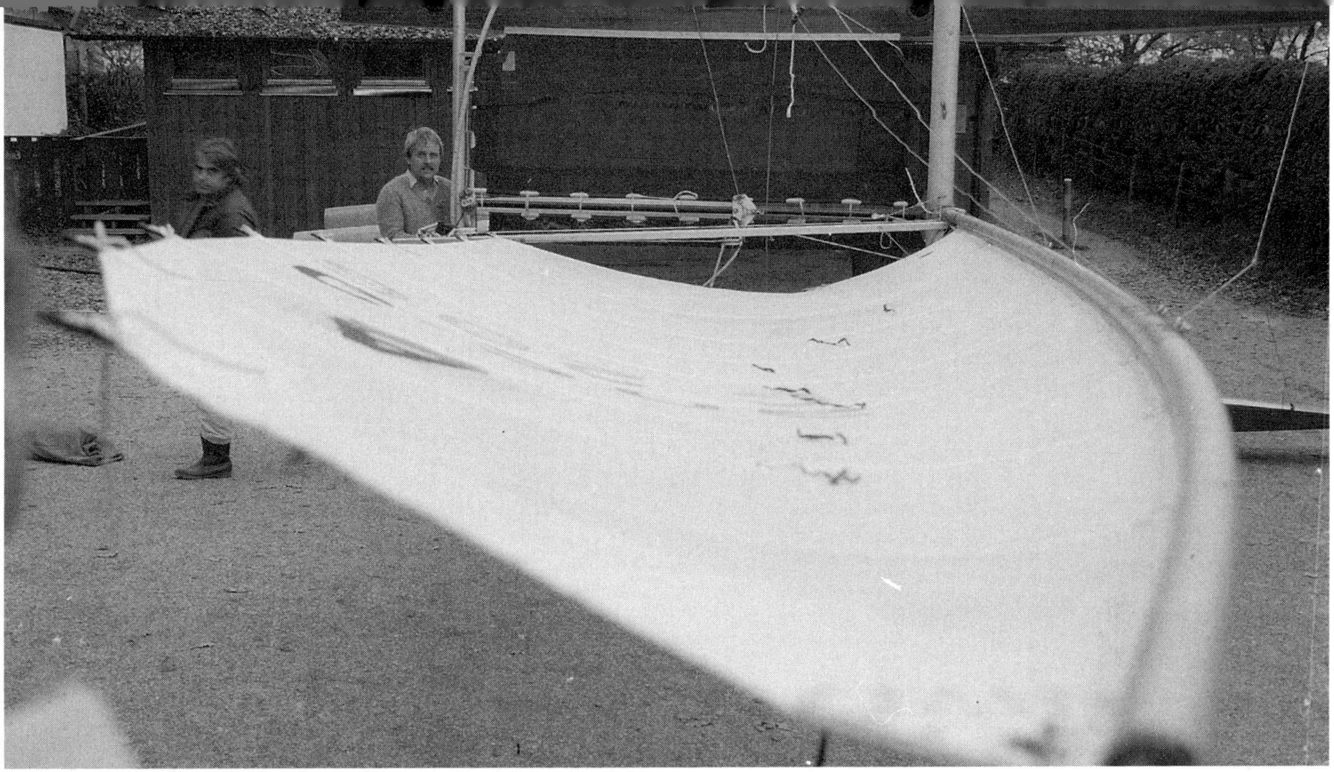

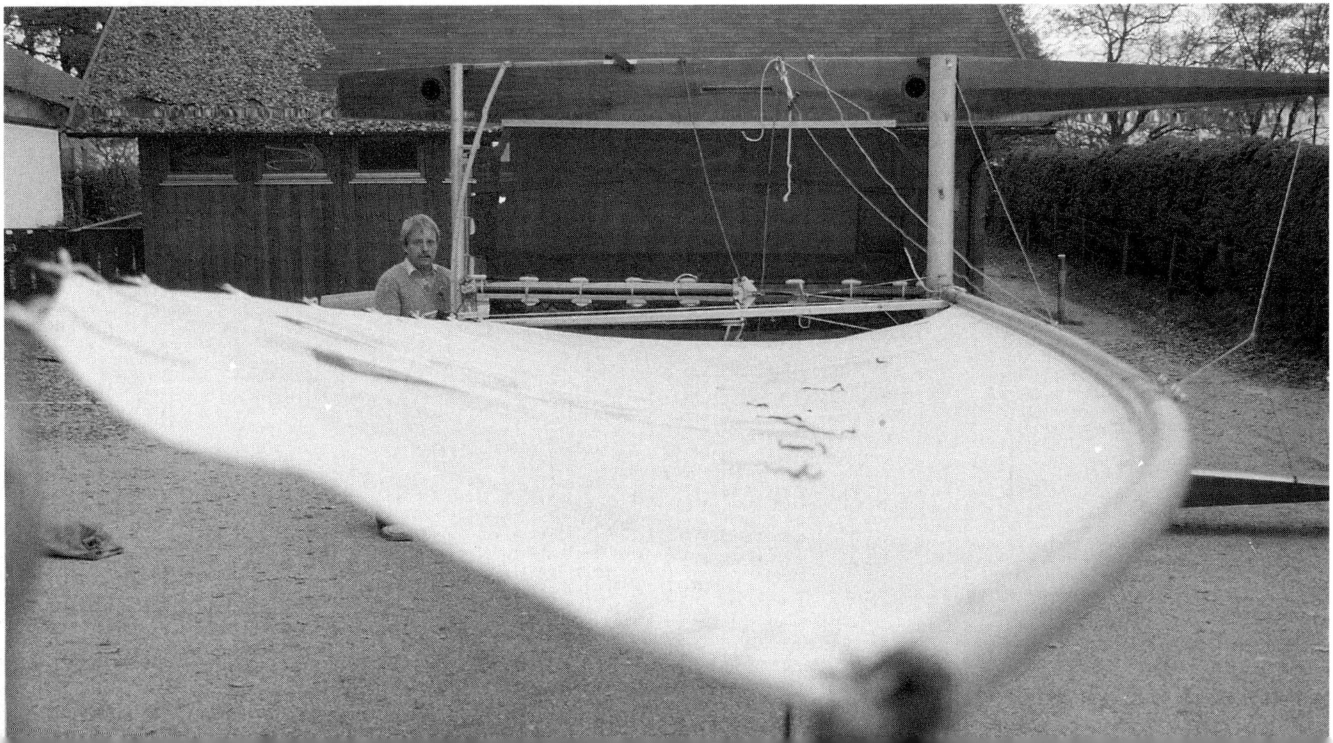

Una-Rigg oder
Rigg mit Fock?

Gegen die Fock spricht eigentlich nur ein einziger Grund: Als zusätzliches Segel erfordert sie zusätzliche Bedienung − der Einhandsegler wird also gerne auf sie verzichten.

Andererseits weist das Vorsegel eine ganze Reihe von Vorteilen auf. Da ist zunächst einmal festzustellen, daß mit einer Fock die gleiche Segelfläche mit einem tieferen Schwerpunkt möglich ist, womit der Kat besonders in der Längsachse steifer wird (Zeichnung unten). Gleichzeitig hat beim Zweimannkat jeder der Mannschaft jeweils eine kleinere Segelfläche zu bedienen, der Kraftaufwand für den einzelnen wird geringer.

Weit wichtiger jedoch ist, daß die Fock ein hochwertiges Zusatzsegel darstellt, das eine weitgehend störungsfreie Anströmkante aufweist; dies gilt besonders für die Fock mit Vorliektasche. Der Vorflügeleffekt des Vorsegels wird jedoch von den meisten Katamaranseglern auch heute noch überschätzt. Dieser Effekt bewirkt, daß die Strömung am Großsegel auf Kursen zwischen etwa 70 und 140 Grad zum wahren Wind länger anliegt, an der Kreuz jedoch bringt er − ein richtig eingestelltes Großsegel vorausgesetzt − kaum etwas. Seine Stärke erweist sich auf raumen Kursen. Besonders auf der Vorwindkreuz (siehe Seite 84/85) führt eine exakt eingestellte Fock zu einem aerodynamischen Gewinn, der beachtlich ist (Zeichnung rechts). Unverständlich daher, daß viele Vorschoter „ihrem" Segel nur auf der Kreuz die ihm zustehende Sorgfalt angedeihen lassen.

Hat der Konstrukteur eine lattenlose Fock vorgesehen, kann sie auf ein Rollreff geführt werden, womit sich die Gesamtsegelfläche schnell und problemlos verringern läßt − ein Vorteil, der sicher nicht nur für Segler von Freizeitkatamaranen interessant ist.

10 m^2

3 m^2

S = 2,60 m

Masthöhe 7 m

13 m^2

S = 3,60 m

Masthöhe 8,50 m

Bei gleicher Segelfläche kann durch eine Fock der Segelschwerpunkt (S) deutlich nach unten verlagert werden

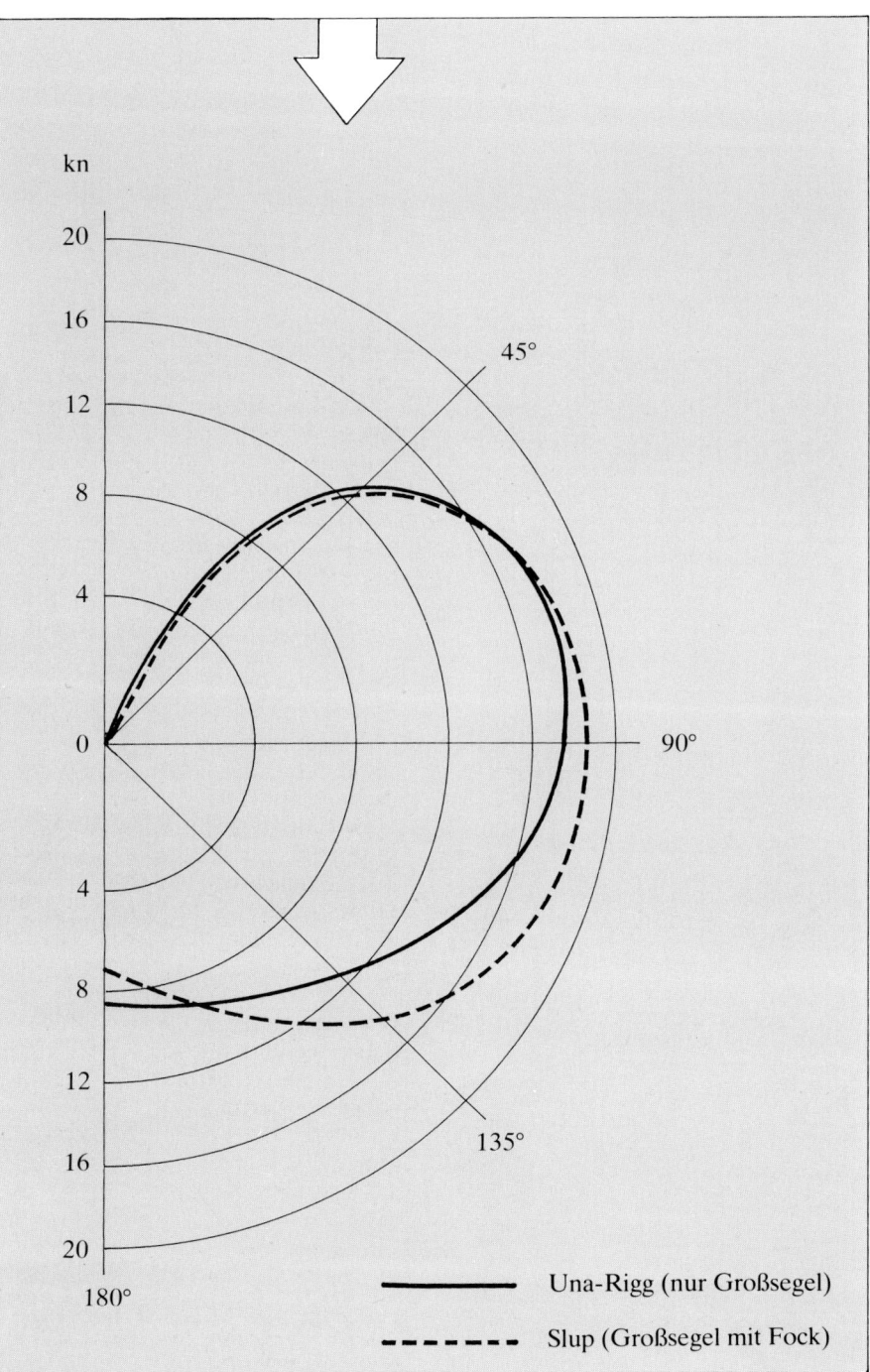

Das Trampolin ist nicht zum Springen da

In der Anfangszeit der Katamarane war die starre, feste Brücke üblich. In dem Maße aber, in dem Konstrukteure und Bootsbauer lernten, die am Doppelrumpfboot auftretenden Kräfte zu beherrschen, wurde sie durch das Tuch- oder Netztrampolin verdrängt (Fotos S. 42). Heute gibt es kaum noch Kats, die eine feste Brücke haben. Hauptgründe für ihr Verschwinden waren die Nachteile bei der Demontage des Bootes und ihr Gewicht.

Die Nachteile der festen Brücke sind die Vorzüge des Trampolins, indes: Es verschleißt wesentlich schneller, es setzt der Anbringung von Beschlägen konsequent Widerstand entgegen, es ist für die Crew nasser und bietet keine Stauräume.

Ein Trampolin muß zudem von Zeit zu Zeit nachgespannt und die Verschnürung überprüft werden.

Auftriebsvergleich: mit Una-Rigg getakeltes Boot und Slup auf verschiedenen Kursen bei gleicher Segelfläche

41

Feste Brücken zwischen den Rümpfen, wie man sie bei manchen älteren Shearwater-Katamaranen noch sieht, sind nicht zuletzt wegen ihres Gewichtes längst aus der Mode gekommen

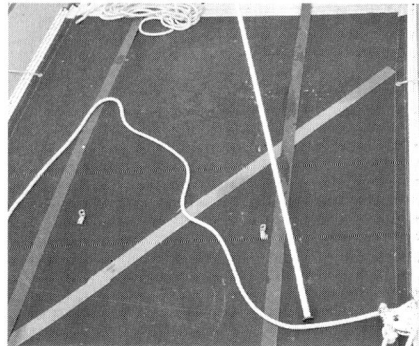

Erst mit dem Trampolin zwischen den Rümpfen wurde es möglich, Katamarane leicht zu bauen und durch einfaches Zerlegen auch noch in Überbreite auf einem Trailer zu transportieren. Hier das Netztrampolin bei einer Stampede im „Diagonalschnitt". Durch das diagonal zur späteren Spannrichtung zusammengenähte Netz oder Tuch wird erreicht, daß sich das Trampolin beim Spannen nach achtern auch seitlich zusammenzieht und dadurch spannt

Ein gut gespanntes Trampolin ist nicht nur strömungsgünstiger, sondern auch bequemer und trittfester als ein schlapp durchhängendes. Ein umsichtiger Katamaransegler wird sich daher vor jeder Fahrt die Verschnürung seines Trampolins noch einmal ansehen

33 Katamarane auf einen Blick

Bootstyp	Lüa	Büa	Segelfläche	Gewicht in kg	Rigg: Una	Rigg: Fock	Schwert: Steck	Schwert: Schwenk	Rumpf: symmetrisch	Rumpf: asymmetrisch	Bauweise	1-Mann-Kat	2-Mann-Kat	Funcat	Regattakat	KV	Status
Minicorn	4,20	1,90	8,50	90		×	×		×		H, K		×		×	–	–
Hobie 14	4,25	2,34	11,00	98	×	SZ				×	KS	×		×	×	ja	–
Prindle 15	4,57	2,43	13,20	118	×					×	K	×		×	×	–	–
Spark	4,57	2,13	10,70	95	×	SZ			×		K	×			×	ja	–
Mattia	4,65	2,30	14,00	130		×			×		K		×	×	×	–	–
Supercat 15	4,65	2,44	14,80	138	×		×		×		KS	×			×	–	–
Freestyle	4,72	2,43	13,60	118	×		×		×		KS	×			×	–	–
Topcat	4,80	2,00	11,20	82	×	SZ			×		KS	×			×	ja	–
Prindle 16	4,88	2,41	17,60	136		×				×	K		×	×	×	–	–
Condor	5,00	2,30	16,70	128		×	×		×		KS	×			×	–	–
Hydra	5,02	2,28	15,60	120		×	×		×		KS	×			×	–	–
Shearwater	5,08	2,28	15,10	143		×+Spi	×		×		H,K,KS	×			×	–	–
Mystere	5,08	2,28	16,70	146		×	×		×		K	×			×	–	–
G-Cat 5 m	5,08	2,40	19,50	150		×			×		K		×	×	×	–	–
Hobie 16	5,11	2,41	20,20	154		×				×	KS		×	×	×	ja	–
Nacra 18	5,18	3,04	17,90	147	×		×		×		K		×		×	–	–
Nacra 5,2	5,20	2,40	20,40	159		×	×		×		K		×		×	–	–
Bim	5,48	2,28	13,90	115	×		×		×		K	×			×	ja	A-Division
O.K.	5,48	2,28	13,90	95	×		×		×		K	×			×	ja	A-Division
Rhapsody	5,48	2,28	13,90	95	×		×		×		H	×			×	ja	A-Division
Unicorn	5,48	2,28	13,90	115	×		×	×	×		H, K	×			×	ja	A-Division
Wing	5,48	2,28	13,90	123	×		×		×		KS	×			×	ja	A-Division
Dart	5,48	2,28	16,10	148	×	×			×		K	×	×	×	×	ja	intern. Klasse
Mattia Esse	5,48	2,29	16,80	125		×	×		×		K	×		×		–	–
Prindle 18	5,48	2,44	20,20	152		×				×	K		×	×	×	–	–
Topcat Spitfire	5,48	2,48	19,80	156		×			×		K		×	×	×	–	–
Vanguard	5,48	2,28	13,90	86	×		×		×		H, K	×			×	ja	A-Division
Hobie 18	5,49	2,44	22,00	175		×	×		×		KS	×			×	ja	–
Pain a vela	5,50	1,10	11,00	100	×				×		H	×		×	×		–
G-Cat 5,7	5,70	2,40	22,00	163		×			×		K		×	×	×	–	–
Stampede	5,94	2,44	22,80	160		×			×		K		×		×	–	–
Supercat	6,09	3,65	25,50	203		×	×		×		K		×		×	–	–
Tornado	6,10	3,04	21,80	165		×		×	×		H,K,KS		×		×	ja	olymp. Klasse

Zeichenerklärung: Lüa = Länge über alles, Büa = Breite über alles, KV = Klassenvereinigung (deutsch), H = Holz, K = Kunststoff, KS = Kunststoff-Sandwich, SZ = Sonderzubehör

Trimm und Technik

Der Brite Ian Fraser, zweimaliger Weltmeister im *Tornado*, hat einmal gesagt: „Wenn du die Geschwindigkeit deines Bootes mit 100 Prozent ansetzt, dann macht dein Können 80 Prozent aus, der Stand der Segel 17 bis 18 Prozent und Veränderungen, mit denen du dein Schiff schneller machen wolltest, zwei bis drei Prozent. Wenn du also hinterherfährst – such' die Fehler erst mal bei dir!"
Wir empfehlen, diesen weisen Ausspruch sichtbar am Boot anzubringen . . .

Der Trimm beginnt beim Aufriggen

Wer sein Rigg „einfach auf den Kat stellt", der braucht sich nicht zu wundern, wenn er nicht Weltmeister wird. Denn steht Ihr Mast wie der berühmte Turm in Pisa auf dem Boot, dann kann es einfach nicht laufen. Messen Sie doch mal die Wanten genau nach; die Längen unterscheiden sich oft um mehr als „nur" Millimeter! Berücksichtigen Sie bei einem neuen Rigg auch, daß sich Wanten, Vorstag und Diamonds während der ersten Starkwindfahrt

um bis zu 15 mm recken werden. Erst dann können Sie die Längen endgültig als sicher ansehen – soweit sie nicht seitens der Werft test vorgegeben sind. Unterschiedliche Drahtstärken haben unterschiedliches Reck!
Grundsätzlich sollte der Mast auch in Längsschiffsrichtung (das heißt zur Wasserlinie) senkrecht stehen. In manchen Klassen allerdings wird er mit einem deutlichen Fall nach achtern gefahren. Diese Entwicklung begann bei den *Hobies*, setzte sich fort beim *Dart* und hat inzwischen auch schon bei den *Tornados* Eingang gefunden, bei denen der amerikanische Weltmeister Randy Smyth in dieser Richtung Wegbereiter war. Allgemein bringt ein Mastfall nach achtern (Zeichnung rechts) durch das Zublocksgehen der Großschotblöcke ein offeneres Achterliek und einen geringfügig tieferen Segelschwerpunkt – alles Vorteile bei stärkerem Wind. Daneben ändern sich aber noch zahlreiche andere Trimmfaktoren. Die Mastdrehung wird beim baumlosen Rigg verringert, was einen flacheren Trimm des Großsegels erfordert; auch die Holepunkte für die Fockschoten stimmen nicht mehr und müssen neu festgelegt werden.

Wenn man bei einem Katamaran den Mast (mit Großbaum) nach achtern trimmt, dann passiert folgendes:

A *Das Boot wird luvgieriger, der Segelschwerpunkt wandert nach achtern*

B *Achterliek der Fock öffnet sich*

C *Unterliek der Fock wird dichter*

eventuell Fockholepunkt (F) nach vorne

E *Abstand zwischen den Großschotblöcken wird geringer (eventuell Block auf Block, Achterliek öffnet sich = H)*

F *Fockholepunkt wandert nach vorne*

G *Großbaum befindet sich tiefer über dem Trampolin*

I *Belastung auf die Hahnepot wird größer*

K *Belastung der Ruderanlage wird größer*

Und dazu beim baumlosen Rigg genau wie bei der Fock:

D *Unterliek am Großsegel wird dichter*

H *Achterliek am Großsegel wird offener*

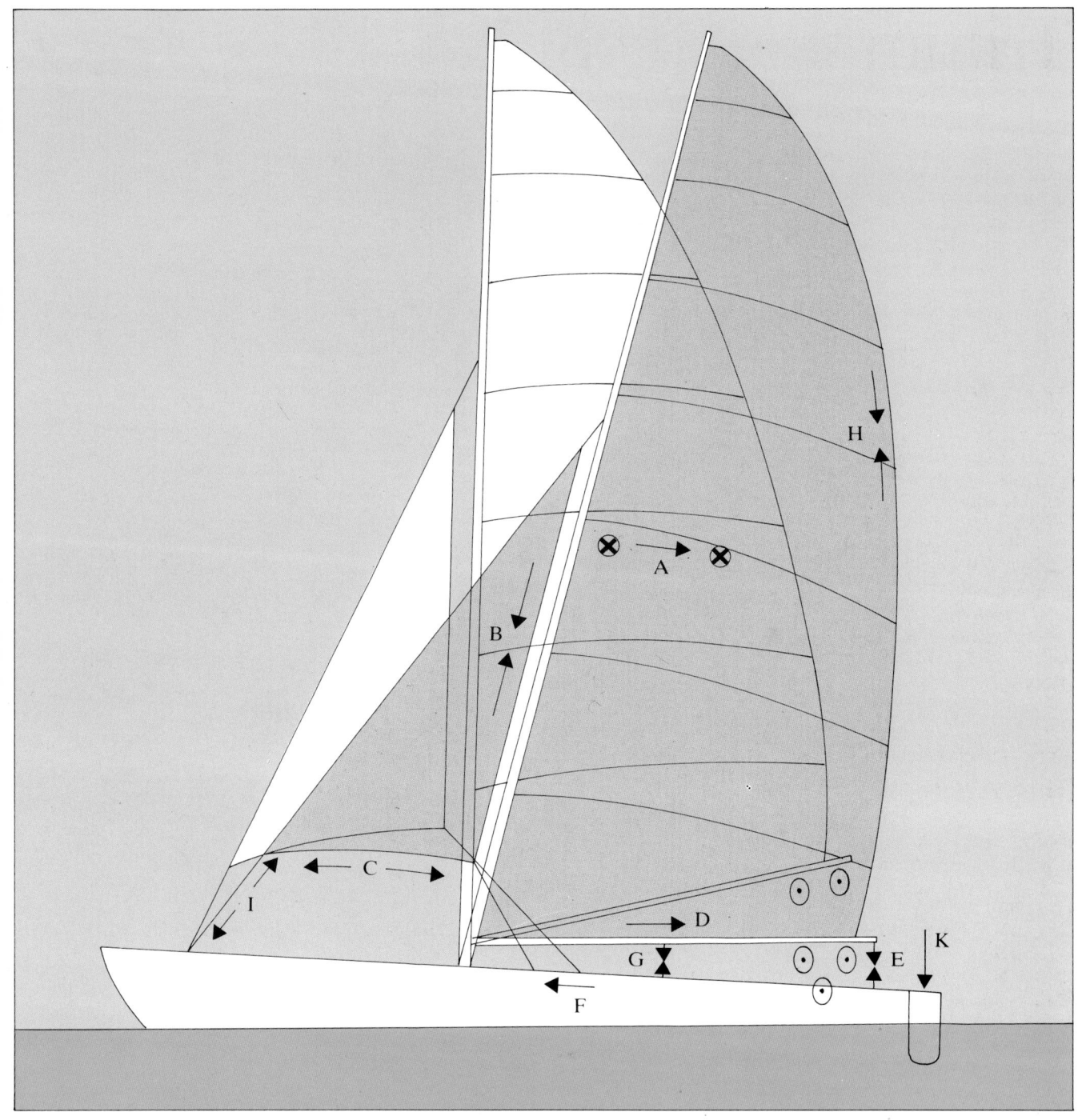

Es empfiehlt sich, solch drastische Änderungen nicht vorzunehmen, ohne vorher mit möglichst vielen anderen Eignern des gleichen Bootstyps darüber diskutiert zu haben. Als Neuling sollten Sie Ihr Boot erst einmal so fahren, wie es von der Werft geliefert wurde oder wie es die Mehrheit der Segler in dieser Klasse tut. Typischen Mastfall für die *Hobies* demonstrieren die Fotos. Generell gilt, daß Veränderungen am Rigg nur sehr behutsam vorgenommen werden sollten, weil sich damit auch die Charakteristik des Bootes ändern wird.

Als Tip für den Grundtrimm Ihres Kats merken Sie sich bitte:

> Schwimmt das Boot mit beiden Rümpfen auf der Wasserlinie (WL), dann sollte es leicht leegierig sein.
> Wird der Kat auf einem Rumpf gefahren, sollte er leicht luvgierig sein.

Als erste Katamaranklassen wurden Hobie 14 (links) und Hobie 16 mit extremem Mastfall nach achtern gefahren. Neben einer deutlichen Entlastung der Rumpfspitzen scheint sich diese Art des Trimmens beim Segeln in viel Welle inzwischen durchzusetzen

Die Mastbiegung: Segen und Fluch

Mastbiegung generell zu verhindern, ist angesichts der heute üblichen Profile nicht möglich. Es gilt also, die Mastbiegung zu beherrschen und den Mast sich nur so weit biegen zu lassen, wie das jeweilige Segel es erfordert.

Jeder Mast weist im wesentlichen zwei Biegeachsen auf, die unterschiedliche Steifigkeit besitzen. Die größere Steifigkeit hat das Profil in seiner Längsachse, die geringere in der Querachse. Die endgültige Biegecharakteristik eines Mastes ergibt sich aus diesen zwei Achsen.

Je bauchiger ein Segel geschnitten ist, desto biegsamer muß der Mast sein!

Wenn Sie also bei Ihrem Segelmacher ein neues Großsegel bestellen, müssen Sie ihm auch sagen, für welchen Mast welchen Herstellers und mit welcher Biegekurve Sie es brauchen. Sonst wird Ihr neues Segel nicht mehr Vortrieb bringen können als das alte.

Bei Einheitsklassen werden Sie sich mit diesen Details wohl nicht allzusehr plagen müssen; hier grenzen Baubestimmungen und vorgeschriebener Segelschnitt die Möglichkeiten stark ein. Bei den Rennkatamaranen hilft Ihnen der Technische Obmann der Klassenvereinigung oder ein erfahrener Skipper aus der Klasse am besten weiter.

Wesentlichen Einfluß auf die Biegekurve eines Mastes nehmen auch die Diamonds (Foto unten links). Ihre Hauptfunktion ist die Begrenzung der Mastbiegung. Da sie bei steifen Riggs in der Regel nur eine Stütze gegen seitliches Wegbiegen des Mastes darstellen, sind sie hier meist leichter gebaut als bei flexiblen Riggs, bei denen sie fast immer die Kräfte in mehreren Richtungen abfangen müssen.

Allgemein kann gesagt werden:

● Bauchige Segel erfordern mehr Mastbiegung als flache.
● Leichtere Mannschaften brauchen einen biegsameren Mast als schwere.
● Je mehr Wind, desto flacher muß das Segel getrimmt werden können.

Überprüfung des Riggs

Bevor Sie sich jedoch dem Rest des Katamarans widmen, sollten Sie noch überprüfen, ob

● alle Drähte ohne Fleischhaken sind,
● alle Schäkel mit dem Schäkelöffner nachgezogen sind,
● alle Ringsplinte mit Tape gesichert sind,
● alle Normalsplinte umgebogen und mit Tape überwickelt sind,
● alle Püttingbolzen den Ringsplint innen haben und mit Tape gesichert sind,
● die Spionfäden (ideal sind Tonbänder aus Kassetten) an den Wanten und in der Hahnepot befestigt sind (Fotos Mitte und rechts),
● der Verklicker angebracht ist.

Falls Sie − wie übrigens viele andere auch, deshalb: kein Grund, sich zu schämen − den Verklicker vergessen haben sollten: Es ist einfacher, das ganze Boot umzulegen, als den Mast noch einmal herunterzuholen!

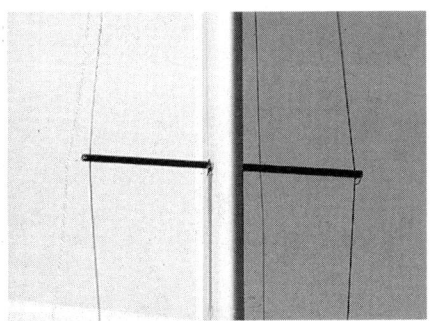

Die Diamond-Verstagung des Mastes mit nur einer Saling ist bei Sportkatamaranen nicht nur allgemein üblich, sie stellt auch die unkomplizierteste Versteifung bei drehbaren Masten dar − wenn nicht, wie bei einer großen Anzahl von Katamaranen, durch Wahl eines geeigneten Mastprofils ganz darauf verzichtet wird

Spionfäden an Wanten und Hahnepot-Vorstag sind für konzentriertes Segeln eines Katamarans unerläßlich. Besser als Wollfäden oder Streifen aus Spinnakertuch haben sich Abschnitte von Tonbändern oder Videobändern am Vorstag bewährt (links). Bei einer tief angesetzten Fock ist eine Lösung direkt unter der Hahnepot wie bei der Stampede (rechts) am vernünftigsten

Guter Trimm beginnt an Land

Der Kat muß spuren

Spur(te)t der Kat nicht so, wie er soll, dann ist ein kritischer Blick auf seine Spur zu richten. Dazu bockt man das Schiff an Land sauber auf (ebener Untergrund, Schiff ohne Torsion) und mißt Spur und Diagonale genau nach (Zeichnung unten). Schon geringfügige Abweichungen können sich unliebsam bemerkbar machen;

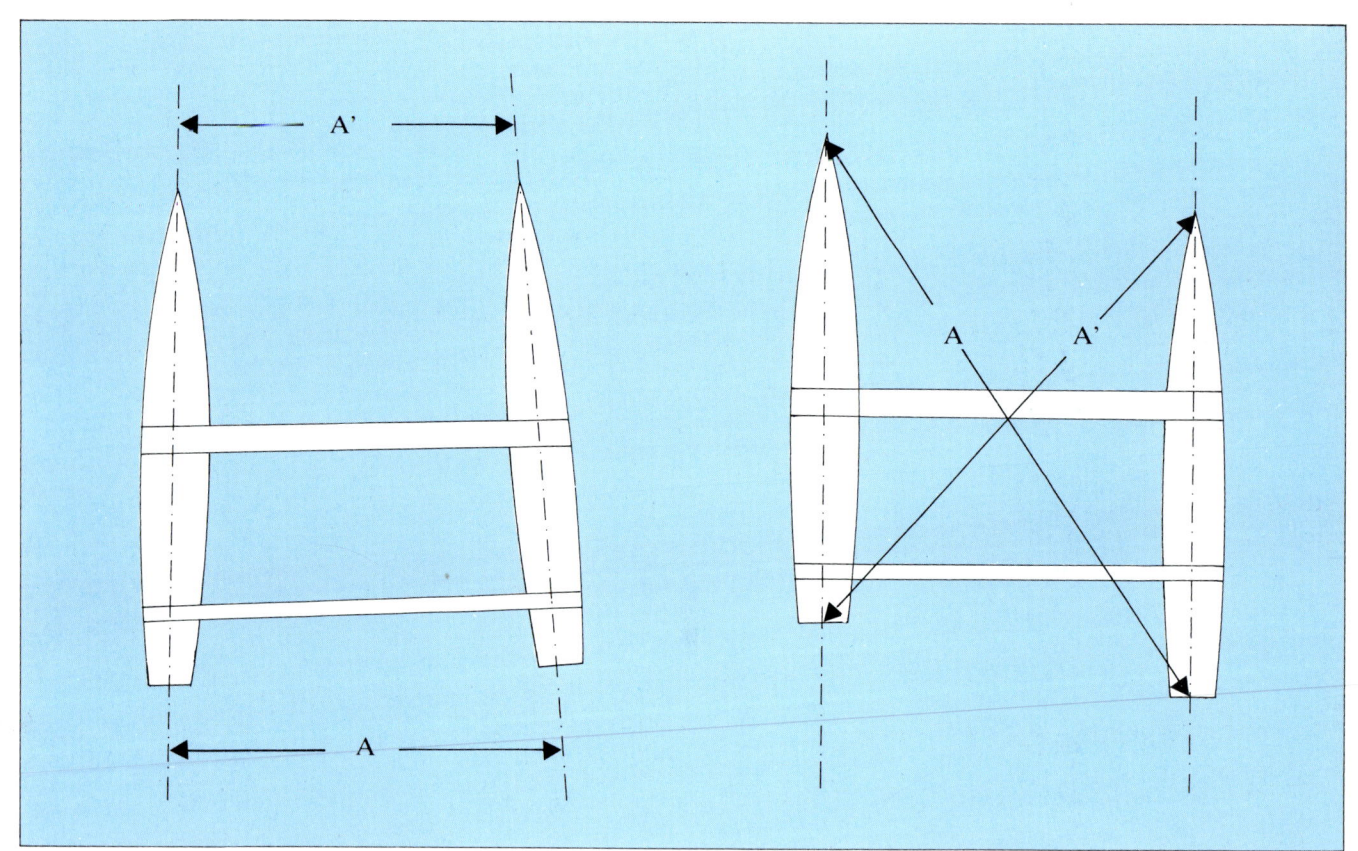

Spurvermessung (links) und Diagonalver-messung. Die maximale Differenz zwischen A und A' sollte nicht mehr als 1 % von A betragen

Überprüfung der Ruderblätter und Schwer-ter auf Deckungsgleichheit hin am aufge-bockten Boot: oben = richtig, unten = falsch ▶

daher sollte die Toleranz bei der Spur im Idealfall nur 0,5 Prozent betragen, bei der Diagonalvermessung nur 0,8 Prozent. Bei beiden Meßvorgängen maximal zu vertreten ist eine Differenz von einem Prozent.

Wenn das Boot schon mal aufgebockt ist, können Sie auch gleich Schwerter und Ruder überprüfen. Selbstverständlich müssen sie für diesen Zweck sauber sein, also ohne Bewuchs oder Straßendreck, und dürfen auch keine Beschädigungen aufweisen. Spachteln und schleifen Sie Dellen und Kratzer, und versehen Sie diese Stellen mit einer Lack- oder Gelcoatschicht.

Eine Beschädigung an der Vorderseite der Ruder oder Schwerter kann deren hydrodynamische Wirksamkeit nämlich um bis zu 50 Prozent herabsetzen!

Wenn Sie dies erledigt haben, prüfen Sie nach, ob das Spiel im Ruderkoker beziehungsweise Schwertkasten so gering wie möglich ist, nicht aber so gering, daß schon eine kleine Ladung Sand, die man sich ja schnell „einfängt", den ganzen Mechanismus blockiert.

Ebenso wichtig wie perfekte Form und Oberfläche von Schwertern und Rudern ist deren Position zueinander und zum Rumpf.

Überprüfen Sie, ob beide Schwerter in der tiefsten Stellung absolut deckungsgleich sind (Zeichnung unten).

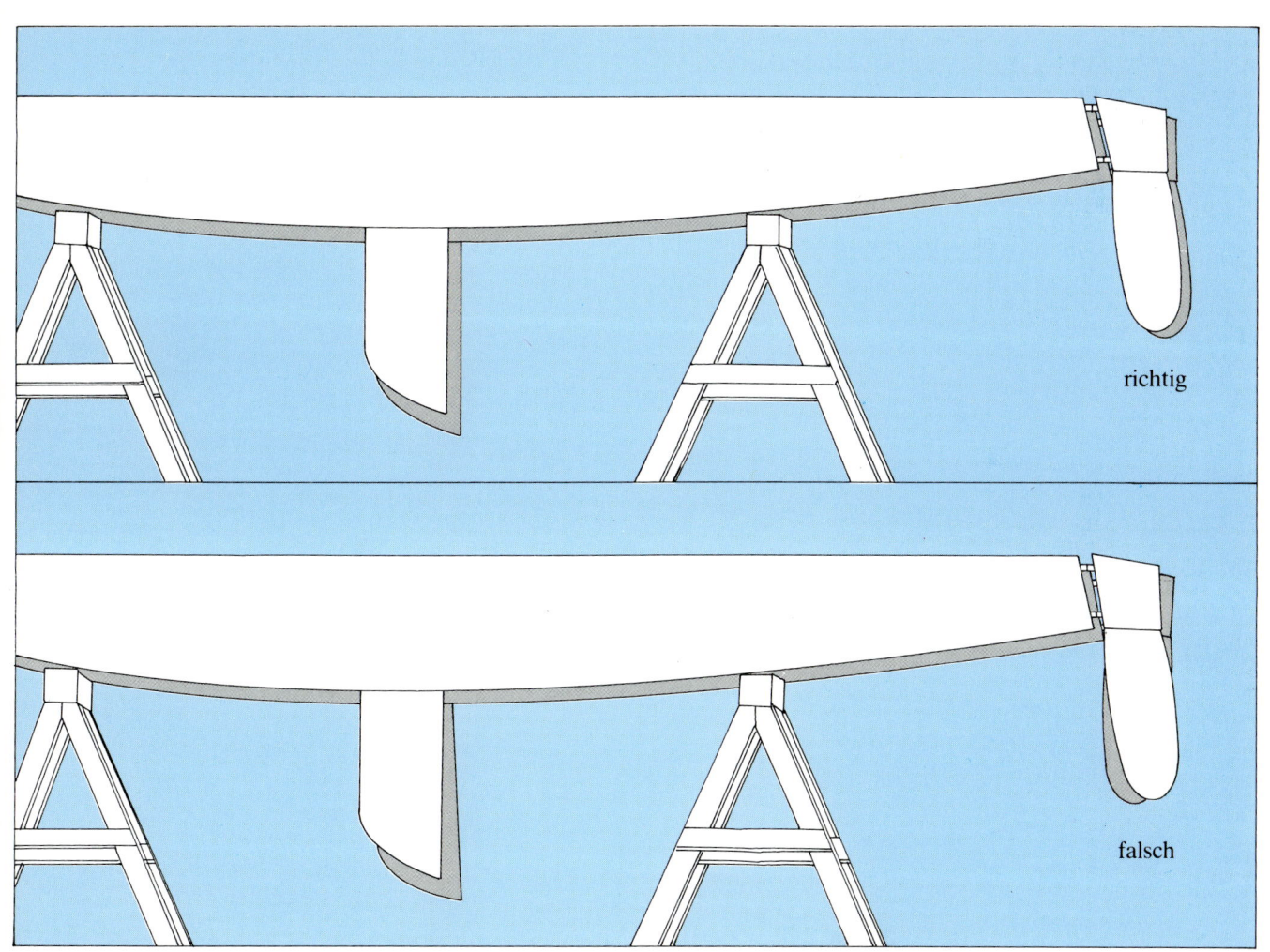

richtig

falsch

Dies ist bei Schiffen, die schon einige Zeit gesegelt wurden, vielfach nicht mehr der Fall, da durch das oft ruckartige Niederholen die Anschläge durch den Aufprall mehr und mehr eingedrückt werden – häufig nicht immer gleichmäßig auf beiden Seiten des Bootes.

Wenn Sie schon dabei sind, die Schwerter zu checken, markieren Sie auf Deck oder am Niederholer auch gleich die verschiedenen Winkel für einviertel-, halb- und dreiviertel aufgeholte Schwerter. Ohne diese Markierungen bekommen Sie die Schwerter *nie* deckungsgleich nach oben!

Ein weiterer Blick sollte von vorne und von hinten an der Kiellinie entlanggehen (Zeichnung unten). So sehen Sie am besten, ob die Schwerter

unter anderem Twist haben, was der Geschwindigkeit außerordentlich abträglich ist. Gleiches empfiehlt sich auch bei den Ruderblättern. Verdacht auf Twist in Schwertern oder Rudern besteht immer dann, wenn Ihr Kat bei neutralem Trimm saugende Geräusche von sich gibt.

Wie die Schwerter, müssen auch die Ruderblätter absolut parallel stehen (Zeichnung rechts). Um dies zu kontrollieren, stellen Sie die Blätter horizontal und gerade und messen die Distanz einmal ganz vorne auf Mitte und dann einmal am hintersten Ende.

Die Deckungsgleichheit der Ruderblätter ist genauso wichtig wie die der Schwerter (siehe Zeichnung auf Seite 49). Steht ein Blatt weiter vorne als das andere, so weist Ihr Kat auf

Steuerbordbug oder Backbordbug segelnd unterschiedliche Lee- oder Luvgierigkeit auf. Es empfiehlt sich, den Anschlag der Ruderblätter immer wieder zu überprüfen, da sich dieser, wie auch bei den Schwertern, im Laufe der Zeit abnützt. Hier liegt übrigens eine der Stärken der Steckruder, die diesem Verschleiß nicht ausgesetzt sind.

Tritt trotz perfekter Segelstellung auf verschiedenen Bugen bei ebener Schwimmlage Lee- oder Luvgierigkeit auf: Schwerter und Ruderblätter auf Deckungsgleichheit, Parallelität und Twist hin überprüfen!

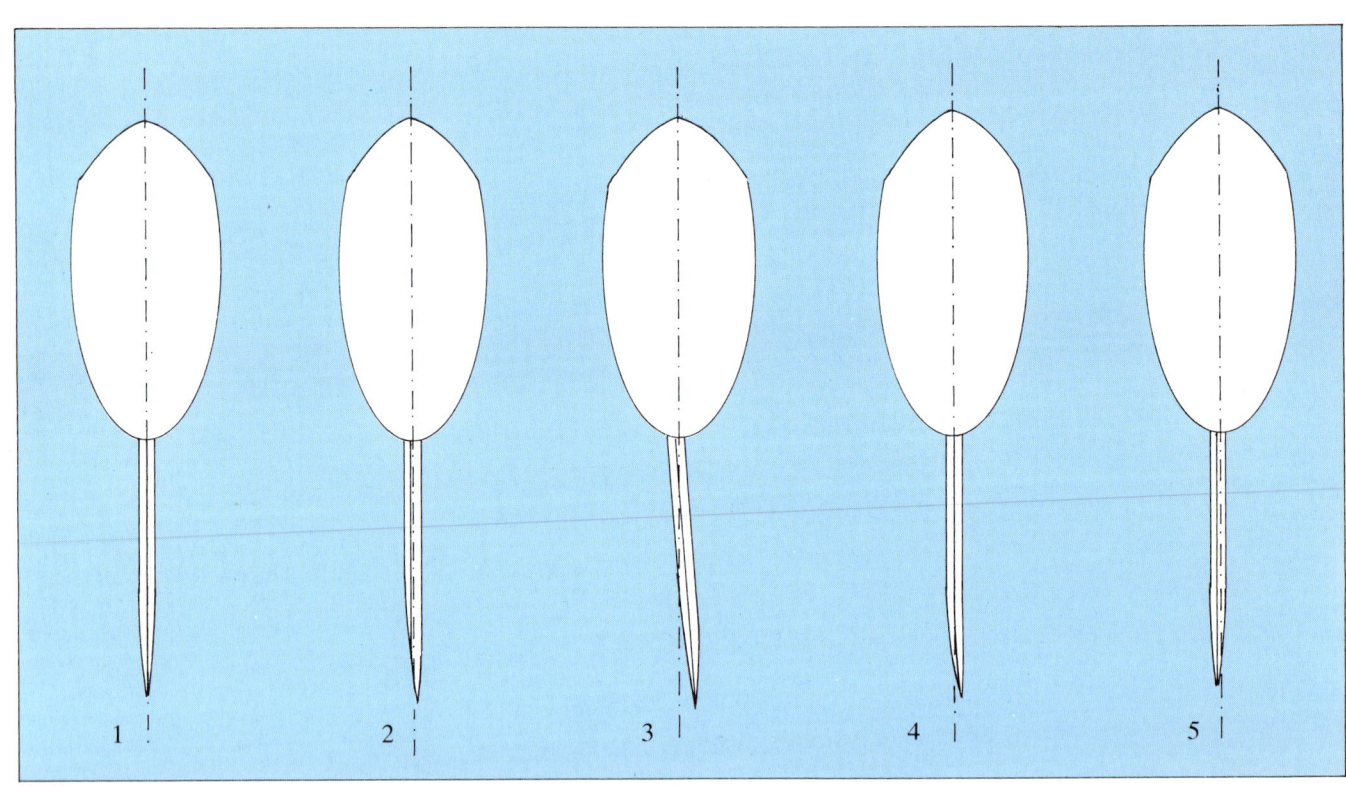

1 2 3 4 5

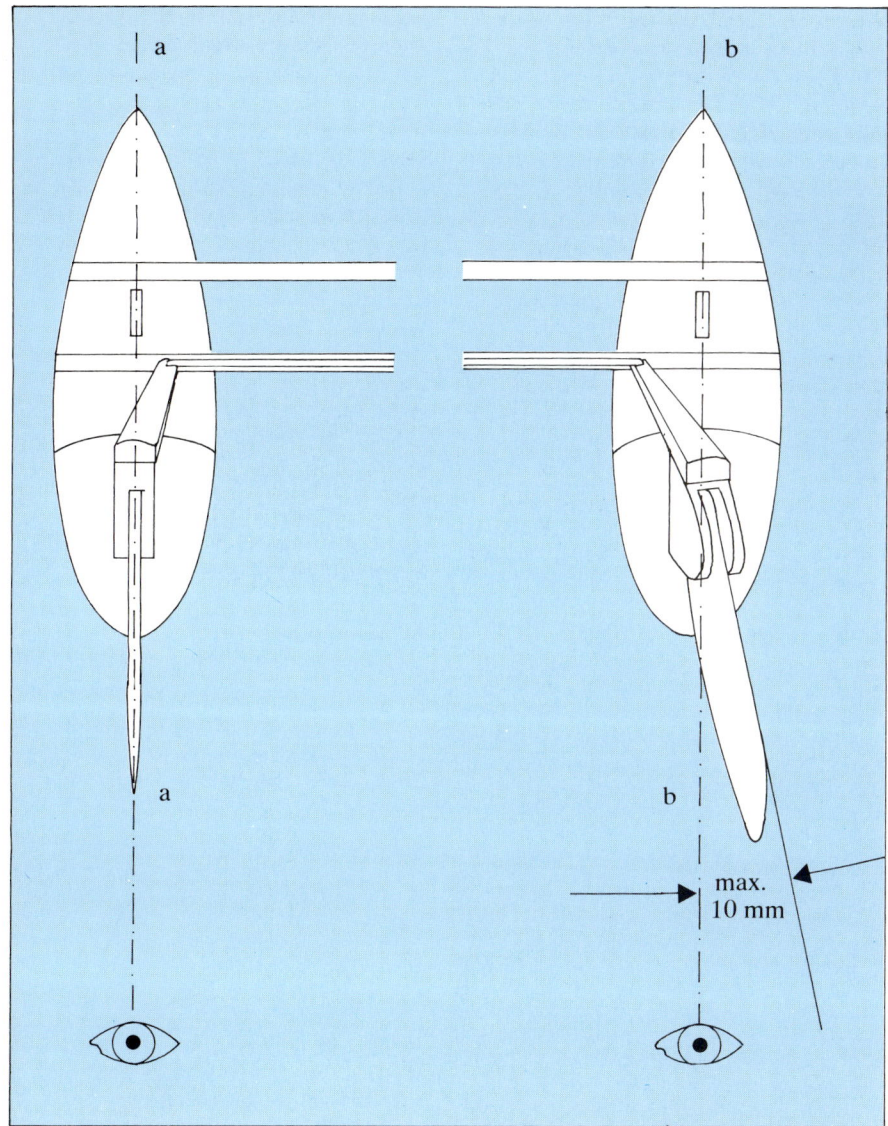

Haben Sie dann immer noch den Eindruck, daß mit den Rudern etwas nicht stimmt, raten wir zu folgender Methode: Trimmen Sie Ihr Boot so, daß es ohne Ruderdruck frei läuft; hängen Sie die Spurstange aus, und beobachten Sie die Ruder. Ein zitterndes oder pendelndes Ruder kann nicht in Ordnung sein. Vorsichtshalber sollten Sie die Ruder dann aber noch auswechseln, Backbordruder nach Steuerbord und umgekehrt, denn auch eine Beschädigung des Rumpfes kann sie beeinflussen.

max.
10 mm

Über den großen Onkel . . .

. . . oder: Herr Ackermann hatte doch nicht recht.
„Ackermann-Effekt" nennt man die gewollt unterschiedlichen Ruderwinkel, die beim Kat durch die nach innen abgewinkelten Pinnen bewirkt werden. Dadurch weist beim Ruderlegen das kurveninnere Ruder einen größeren Einschlag auf als das äußere, das, so das Argument, seinen Rumpf auf einem weiteren Weg steuern muß.
Übernommen wurde diese Idee aus dem Fahrzeugbau, und dort ist sie wegen der erheblichen Reibung zwischen Reifen und Fahrbahn auch nötig und vernünftig. Beim Katamaran dagegen, mit der wesentlich geringeren Reibung zwischen Wasser und Ruderblatt, kann man sich diesen Aufwand ruhig sparen; der Gewinn ist minimal.

Der Blick von vorn und von achtern an der Kiellinie entlang verrät, ob das Schwert im abgesenkten Zustand richtig im Rumpf sitzt oder einen Fehler aufweist: 1 = richtig, 2 = seitlich versetzt, 3 = schräg, 4 = getwistet, 5 = fluchtet nicht zur Kiellinie

▲ *So testet man die Parallelität der Ruderblätter: Zunächst beide Ruderblätter aufholen. Dann ein Ruderblatt genau in die Flucht der Rumpfmittellinie (a) bringen. Pinne in dieser Stellung fixieren. Nun über Mittellinie (b) peilen. Das Ruderblatt bei b sollte genauso aussehen wie bei a, nämlich mit der Rumpfmittellinie fluchtend. Fluchten die Ruderblätter nicht, sollte die Abweichung am Blattende höchstens 10 mm betragen*

Wie man sich lattet,
so segelt man

Latten müssen in Länge und Biegekurve genau auf das Segel abgestimmt
sein. Ihr Segelmacher paßt seinen
Segelschnitt meist einem ganz be-
stimmten Lattensatz an. Sie sollten
ihn daher unbedingt fragen, welchen
Lattensatz er empfiehlt; es sei denn,
Segelschnitt und Lattenart sind in
den Vermessungsbestimmungen festgelegt.
Achten Sie beim Einbinden der
Latten darauf, daß auf den beiden
Enden der Bändsel der Zug gleichmäßig verteilt ist (Fotos unten) und
daß die Latten ganz vorne im Lat-
tenstopper sitzen.
Latten haben die fatale Eigenschaft,

*Beim Einbinden der Segellatten ist beson-
ders auf gleichmäßigem Zug an beiden
Bändselenden zu achten (links). Der Knoten
(Mitte) muß gut zugezogen werden, ohne
freilich die Latte zu überspannen. Bevor
Sie den Knoten endgültig sichern (rechts),
überprüfen Sie die Lattenspannung nochmals*

daß sie dort, wo sie das Segel an die
Want drücken, das Tuch beängstigend
schnell durchscheuern. Hier hilft ein
einfacher Trick: Ummanteln Sie die
Latten an den gefährlichen Stellen
mit weichem Schaumstoff (Foto rechts
oben); praktisch ist für diesen Zweck
auch Neoprenband, wie es die Surfer
für ihre Gabelbäume verwenden.
Ebenso wichtig wie die Wahl des
Lattensatzes (Spezialisten fahren oft
mit einer beachtlichen Zahl von
Lattensätzen zu einer Regatta) ist die
jeweils der Windstärke, der Welle
und dem Mannschaftsgewicht ange-
paßte Spannung der Latten im Segel.

Allgemein gilt:
− viel Spannung = viel Wölbung
− wenig Spannung = flaches Segel
Daher trimmen Sie so:
− leichter Wind = viel Spannung
− starker Wind = wenig Spannung
− leichte Crew = weniger Spannung
− schwere Crew = mehr Spannung
− wenig Welle = wenig Spannung
− viel Welle = viel Spannung

Die effektivste Spannung ist also gar
nicht so leicht zu finden, weil sich
manches gegenseitig ausschließt. Man
wird also unter Zugrundelegung
dieser allgemeinen Aufstellung zu
einem Kompromiß gelangen, der für
jede Crew und jede Situation anders
sein wird.
Da Sie für die Lattenspannung auf
diese Weise drei Kriterien haben −
Wind, Crewgewicht und Welle −,
sollte sich Ihre Entscheidung nach
den beiden jeweils dominierenden
Faktoren richten, was die Wahl
erheblich erleichtert.
Binden Sie Ihre Latten also nie „so
ein, weil es ja der Meier auch so
macht"!
Um ein gleichmäßiges Profil zu
bekommen, ist es am besten, wenn
Sie Ihren Katamaran auf die Seite
legen, die Schot kräftig durchsetzen
und erst dann die Latten einbinden
(Foto rechts unten). Durch Peilen vom
Masttopp her können Sie sehr genau
erkennen, ob das Profil über das
gesamte Segel gleichmäßig bleibt.
Holz, früher als Material für Segellatten sehr beliebt, wird heute für

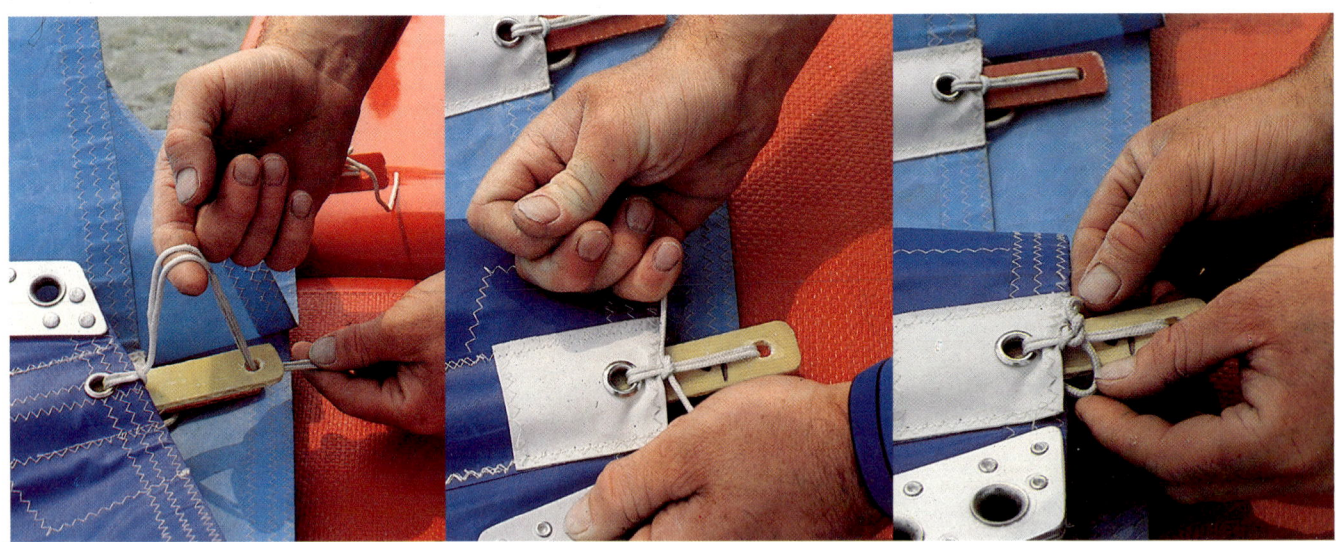

Auf raumen und Vorwindkursen haben Katamaransegel — besonders bei Welle — die unangenehme Eigenschaft, an den Stellen durchzuscheuern, an denen die Segellatte das Tuch gegen die Want drückt. Eine Ummantelung der Latte mit weichem Schaumstoff (Foto) und eine zusätzliche Verstärkung des Segels an den Schamfilstellen kann das Durchscheuern zwar nicht ganz verhindern, es dauert aber etwa 15mal so lange

Ein gleichmäßiges Segelprofil beim Latteneinspannen erreichen Sie am mühelosesten, wenn Sie die Latten bei umgelegtem Kat und dichtgeholter Schot einbinden

diesen Zweck kaum noch verwendet. Kunststoff ist zwar bedeutend teurer, gute Kunststofflatten halten jedoch wesentlich länger, sind formbeständiger und vertragen auch mal eine Patenthalse.

Üblich sind sowohl massive Latten als auch Latten aus Kunststoff-Sandwich, wobei meist Schaum als Kern genommen wird. Sandwichlatten haben ein geringeres Gewicht – bei einem Satz von zum Beispiel 15 m Gesamtlänge ein beachtlicher Vorteil. Der Nachteil: Sie sind teurer als Massivlatten und manche auch etwas anfälliger gegen Beschädigungen.

Heiß auf die Segel

Katamaransegel haben wesentlich mehr Belastungen standzuhalten als die Segel herkömmlicher Yachten. Daher ist auf Verarbeitung und Material besonders zu achten.

Es empfiehlt sich unbedingt, ein neues Segel nur bei einem Segelmacher in Auftrag zu geben, der Erfahrung mit Katamaransegeln nachweisen kann. Hören Sie sich vor Bestellung in der Klasse um. Das Tuchgewicht sollte, bedingt durch die auftretenden hohen Kräfte, nicht unter 180 g/m² liegen.

Kopfbrett, Schothorn, Segelhals und eventuell vorhandene Reffkauschen müssen besonders belastbar sein; weniger als eine sechsfache Verstärkung sollten Sie nicht akzeptieren. Das Foto zeigt Verstärkungen am Schothorn.

Bedingt durch das offene Fußliek des Großsegels treten am Schothorn große Kräfte auf. Wenn es nicht bereits nach kurzer Zeit ausreißen soll, ist es unerläßlich, das Tuch an dieser Stelle zu verstärken. Das gleiche gilt für die Partie um das Kopfbrett

● Mast, Segel und Latten stellen eine Einheit dar; sie müssen also genau aufeinander abgestimmt sein. Die Formbarkeit des Segels durch Mastbiegung und Lattenspannung ist begrenzt. Veränderungen an einem dieser Teile müssen im Hinblick auf ihre Auswirkung auf die anderen Teile vorher durchdacht werden.

● Große Durchmesser der Fallscheiben erleichtern das Segelsetzen sehr. Wenn es doch mal „kneift", schieben Sie die nächste Bahn mit der Hand in der Keep nach. Vorher sollten Sie sich noch vergewissern, ob die Fallarretierung richtigherum sitzt – sonst haben Sie die Arbeit noch mal.

● Besonders wenn das Großsegel nur mit Gewalt nach oben zu bekommen ist, wird gelegentlich vergessen, nachzusehen, ob die Fallarretierung tatsächlich eingerastet ist. Achten Sie auch darauf!

Die Strömung – ein Anliegen

Für das Hochgeschwindigkeitsgerät Katamaran ist das Anliegen der Luftströmung an allen Teilen des Segels von übergeordneter Wichtigkeit. Ein guter Segler hat das im Gefühl, aber es gibt auch Hilfsmittel, um das festzustellen: zum einen den Verklicker (üblich ist die Anbringung sowohl im Masttopp als auch unter der Hahnepot), zum anderen Strömungsfäden – auch „tell tales" genannt (Fotos rechts). Sie stellen eine sehr wirksame und vor allem billige Möglichkeit dar und haben sich bei Einrumpfbooten ebenso wie bei Kats inzwischen allgemein bewährt und durchgesetzt.

Das Material ist vielfältig, die Auswahl bleibt mehr oder minder dem persönlichen Geschmack überlassen: Spinnakertuch, Tonband und Kunststoffäden tun gleich gute Dienste.

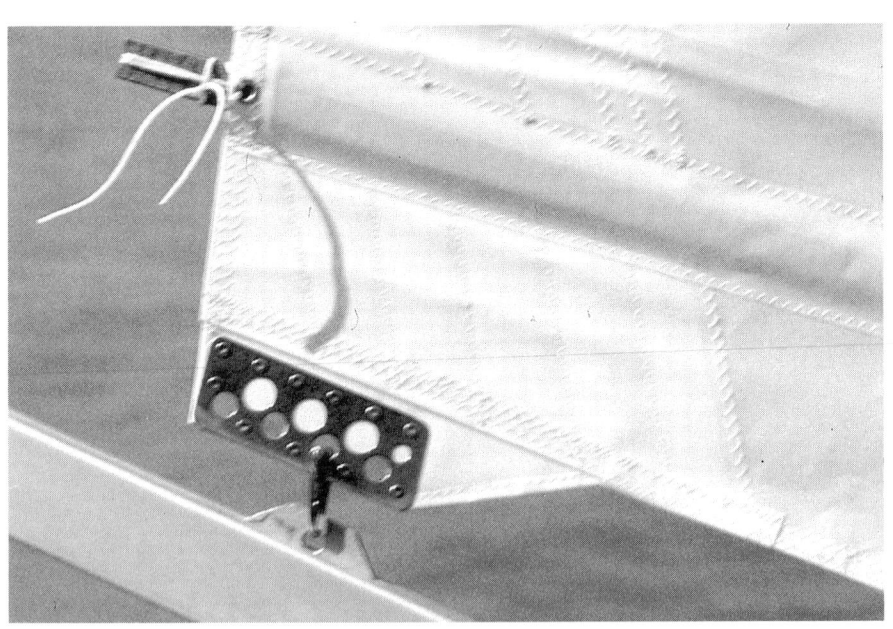

Bestmöglichen Auftrieb erzeugt ein Segel dann, wenn die Luftströmung sowohl in Luv als auch in Lee anliegt. Durch auf der Luv- und auf der Leeseite angebrachte kurze Spionfäden läßt sich das gut kontrollieren. Hier liegen alle Fäden waagerecht an, das Großsegel ist also optimal eingestellt. Das gilt grundsätzlich für jeden Kurs zum Wind, ob an der Kreuz (links) oder mit halbem Wind (rechts) (Luvfäden = blau)

Wollfäden dagegen sind nicht geeignet, weil in nassem Zustand nicht mehr leicht genug.

Anzubringen sind diese Spionfäden grundsätzlich an Fock *und* Großsegel. Bei der Fock sollten sie etwa 30 cm hinter dem Vorliek befestigt werden. Zwei, höchstens drei Stück auf jeder Seite des Segels reichen aus, allzu viele verwirren nur. Das Großsegel kann einen Faden pro Seite mehr bekommen. Sie sollten etwa 30 cm vor dem tiefsten Punkt der Wölbung angebracht werden, Mast einbezogen. Grundsätzlich ist das Segel so zu schoten und zu trimmen, daß die Strömungsfäden sowohl in Luv als auch in Lee permanent waagerecht anliegen.

Beginnt der Leefaden zu flattern oder steigt er gar senkrecht in die Höhe, dann ist das Großsegel zu dicht geschotet; flattert oder steigt der Luvfaden, dann ist das Segel zu offen und muß dichtergeholt werden. Die Signalfunktion der Strömungsfäden demonstrieren die Fotos.

Alle Strömungsfäden müssen gleich gut anliegen – in Luv und in Lee, im oberen Segelbereich und über dem Unterliek. Ist dies nicht zu erreichen, richtet man sich nach den Leefäden und überprüft den gesamten Trimm, sobald man wieder an Land ist.

Das Großsegel dieses Prindle 16 zeigt in Lee einwandfreie Strömung, der Traveller sollte allerdings weiter nach Lee gefahren werden. Die Fock ist zu dicht geschotet, alle Leefäden sind verwirbelt. Deutlich ist der Beginn eines Gegenbauches im Großsegel zu erkennen

Für die Fock gilt: Flattern die oberen Luvfäden früher als die unteren, dann muß der Holepunkt nach vorne versetzt werden; sind die unteren Fäden zuerst dran, muß der Holepunkt weiter nach achtern.

Gleiches gilt für das Groß, nur wird man über den Holepunkt hier nichts ausrichten können; die Feineinstellung wird mit dem Vorliek, dem Traveller und vor allem mit der Schot erzielt. Noch nicht durchgesetzt haben sich Achterliek-Strömungsfäden (Foto S. 58); sie werden zwischen den Latten befestigt. Drei Stück sind für ein Großsegel genug. Bei richtigem Segeltrimm wehen diese Streifen geradlinig nach achtern aus; flattern sie oder schlagen sie um und wehen nach vorne aus, so signalisiert das den Abriß der Luftströmung an der entsprechenden Seite. Strömungsfäden haben natürlich nur dann einen Effekt, wenn Strömung am Segel vorhanden ist. Bei Kursen platt vor dem Wind nützen sie nichts.

● Über dem Beobachten der Trimmhilfen sollte man dennoch nie die Umgebung und in einer Regatta nie die Gegner aus den Augen lassen!
● Üben Sie das Einstellen der Segel nach den Trimmhilfen schon an Land, indem Sie den Kat auf dem Slipwagen auf die verschiedenen Kurse zum Wind bringen — später auf dem Wasser muß die richtige Einstellung ohne zu denken und schnell möglich sein.

Bei diesem Hobie 16 zeigen die Luvfäden in Groß und Fock, daß diese Seite der Segel nicht mehr angeströmt wird. Die Crew sollte schnellstens die Schot- und Travellerstellung ändern oder den Kurs korrigieren

57

Sämtliche Fäden in Luv liegen an, die in Lee sind verwirbelt. Das Segel wird zu dicht gefahren (gepreßt) und muß aufgefiert werden. Die Strömung in Lee bringt zwei Drittel des Gesamtauftriebs eines Segels, jene in Luv jedoch nur ein Drittel. Deshalb ist im Zweifel der Leefaden immer der wichtigere   (Luvfäden = blau)

Bedingt durch den Twist liegen die Fäden im oberen Bereich des Segels auf beiden Seiten an, im unteren jedoch nur in Luv. Um zu erreichen, daß sie überall anliegen, wird zunächst der Traveller aufgefiert, die Großschot erst dann, wenn das nicht genügt
(Luvfäden = blau)

Bei diesem Hobie 16 sind die drei Achter-liek-Strömungsfäden zu erkennen. Während die beiden unteren sauber achteraus wehen, ist am obersten Faden Turbulenz; auch der Leefaden im Segel zeigt das an. Alle übrigen Spionfäden liegen hier vorbildlich waagerecht in der Strömung

Trimmen, nicht vertrimmen

Für den allgemeinen Trimm der Segel sollten Sie sich merken, daß allzu viel Kraftaufwand meist von Übel ist. Mit Gewalt erreichen Sie höchstens, daß Ihre Segel schneller verschleißen, als Ihnen und Ihrem Geldbeutel dies lieb sein dürfte.
Im Gegensatz zu Unterliek und Achterliek kann oder darf bei vielen Kats das Vorliek während des Segelns

nicht mehr verstellt werden. Die Entscheidung für die jeweils „ideale" Einstellung muß also schon an Land getroffen werden.
Das Vorliek der Fock setzen Sie zunächst nur so weit durch, daß das Segel faltenfrei steht. Markieren Sie diese Stellung als „Minimum". Dies ist gleichzeitig die richtige Einstellung für wenig Wind, da das Segel dann eine tiefere Wölbung aufweist.
Für zunehmenden Wind brauchen Sie bei der Fock mehr Spannung auf

dem Vorliek, um das Segel flach zu bekommen. Als Grenze des Anknallens sollten Sie den Punkt markieren, an dem der Fockhals bei der Wende noch sauber und ohne Gegendruck mitwendet. Ein nicht oder nur teilweise mitwendender Fockhals kann die Strömung über den gesamten unteren Teil der Fock zum Abreißen bringen (Foto rechts oben).
Übrigens: Bevor Sie diese Grenzpositionen (und auch die Holepunkte) für eine neue Fock festlegen, sollten

Sie sie bei höchstens Mittelwind eingefahren haben; tun Sie dies bei Starkwind, kann das Segel schon nach Stunden völlig vertrimmt sein.

Bei den meisten Katamaranen sind die Holepunkte in Längsschiffsrichtung nicht verstellbar. Überprüfen Sie trotzdem die Position, indem Sie die Fockschot dichtholen und durch ein Verdrehen der Unter- und Achterliekkanten des Segels feststellen, ob die Spannung auf beiden Lieken gleich ist (Fotos unten). Trimmhilfen zum Ausgleich unterschiedlicher Spannung: Locheisen im Schothorn, Höher- oder Tiefersetzen der Fock. Wenn das nicht ausreicht, sollten Sie mal ein ernstes Wort mit Ihrem Segelmacher reden.

Im Gegensatz zur Längsverstellung gibt es bei vielen Katamaranen jedoch die Möglichkeit, den Holepunkt der Fock in Querschiffsrichtung zu verstellen. Hier gilt als Grundsatz: Im Zweifel den Holepunkt lieber zu weit außen lassen als allzu weit nach

Weiter auf Seite 62

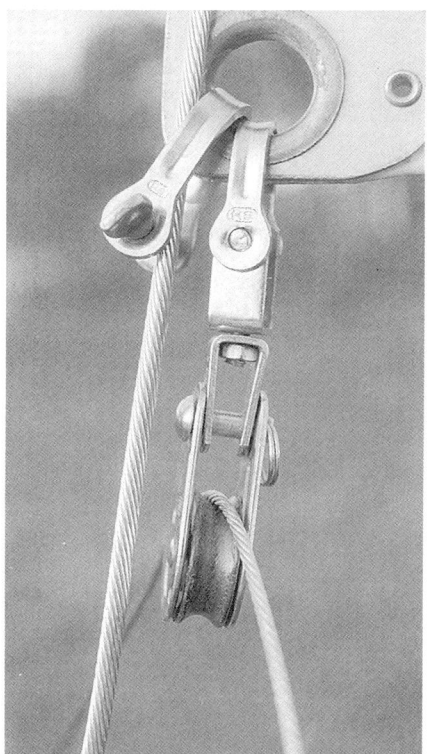

Die Fockhals-Befestigung bei diesem Tornado ist beispielhaft: Der Vorliekstrecker ist mit einem Wirbel am Fockhals befestigt, damit die Fock auch bei wenig Wind sauber mitwenden kann, ohne zu verwinden. Verwindung würde zu einem Abreißen der Strömung am unteren Teil der Fock führen. Gleichzeitig ist der Fockhals mit einem zweiten Schäkel am Vorstag befestigt, damit er nicht durch den Zug der Fockschot nach achtern gezogen wird, was ebenfalls zu einer Torsion des Segels führen würde

Bei richtig eingestelltem Fockholepunkt soll die Spannung an Unter- und Achterliek der Fock gleich groß sein. Das läßt sich am einfachsten überprüfen durch Verdrehen der Unterliekskante und der Achterliekskante zwischen Daumen und Zeigefinger. Ist das Unterliek mehr gespannt als das Achterliek, muß der Fockholepunkt nach vorn verlagert werden; ist das Achterliek mehr gespannt, ordnet man ihn weiter achtern an

*Diese „Prindle-Parade" macht so richtig
Lust auf das Katamaransegeln – steigen
Sie ein!*

innen holen. Anzeichen von Gegenbauch im Groß lassen auf zu weit innenliegenden Holepunkt der Fock schließen.

Dabei müssen Sie beachten, daß Lattensegel einen Gegenbauch normalerweise erst dann bekommen, wenn durch die Abwinde der Fock in Lee ein beachtlicher Druck entstanden ist. Die Fock muß also wesentlich weiter nach außen gesetzt werden, als es das Verschwinden des Gegenbauches anzeigt.

Für das Groß gilt sinngemäß das gleiche wie für die Fock. Als „Minimum" markieren Sie die Einstellung des Vorlieks, die genügt, um die Querfalten aus dem Segel zu ziehen. Ein Maximum gibt es beim Vorliek des Großsegels kaum, es sei denn durch die eigene Kraft und die Verarbeitung des Segels begrenzt. Auch beim Großsegel ist zu viel Gewalt von Übel, wenn das Segel noch nicht eingefahren ist; danach schadet ein zu stark durchgesetztes Vorliek weniger als ein zu wenig gespanntes. Eine Hilfe beim Durchsetzen des Großsegel-Vorlieks ist es, wenn Sie vorher die Großschot dichtsetzen; Sie müssen sich dann nicht so anstrengen.

- **Fock: wenig Spannung des Vorlieks = bauchiges Segel für wenig Wind;**
viel Spannung des Vorlieks = flaches Segel für viel Wind.
- **Groß: wenig Spannung des Vorlieks = flaches Segel für viel Wind;**
viel Spannung des Vorlieks = bauchiges Segel für wenig Wind.

Die Diamonds

Merkwürdigerweise gibt es immer noch Katamaransegler, die mit der Einstellung der Diamonds nicht zurechtkommen. Dabei ist die Sache ganz einfach:

- Diamonds lockerer = mehr Mastbiegung = weniger Bauch im Groß = Einstellung für mehr Wind
- Diamonds härter = weniger Mastbiegung = mehr Bauch im Groß = Einstellung für weniger Wind

Wie die Spannung der Diamonds überprüft werden kann, zeigt das Foto.

Achtung: In dem Maße, wie die Mastbiegung zunimmt, wird die Stützwirkung der Salinge reduziert, und es entsteht die Gefahr des Wegknickens. Diamonds deshalb nie zu lose fahren!

Sind die Diamonds während des Segelns nicht zu verstellen, sollte man sie sicherheitshalber immer auf Starkwind einstellen.

Doch nun genug des „Landlebens", laßt uns aufs Wasser gehen!

Da die Mastbiegung ganz wesentlich den Stand des Großsegels beeinflußt, kommt der richtigen Spannung der Diamonds große Bedeutung zu. Vor allem ist dabei darauf zu achten, daß die Spannung auf beiden Seiten des Mastes gleich groß ist, sonst dreht er nach den verschiedenen Seiten unterschiedlich gut, und der Katamaran läuft auf dem einen Bug besser als auf dem anderen. Eine einfache Methode, die Spannung der Diamonds zu überprüfen: mit beiden Daumen die Drähte gegen den Mast drücken. Man kann dann sehr gut erfühlen, welche Seite mehr gespannt ist. Der Mast muß dabei kerzengerade und mittig stehen!

Technik des Katamaransegelns

Auch Flautensegeln ist schön!

Flautensegeln − schön? Sie meinen wohl, wir machen uns über Sie lustig. Mitnichten.

Unser erster Tip: Machen Sie sich's bequem, und legen Sie sich so gemütlich wie möglich flach auf Ihren Kat (siehe Foto). Der Grund dafür liegt in der gerade bei wenig Wind dringend erforderlichen Konzentration, die das Katamaransegeln bei Leichtwind voraussetzt. Konzentrieren können Sie sich aber nur dann, wenn Sie entspannt und bequem sitzen oder liegen, wobei zumindest an der Kreuz dem Liegen der Vorzug zu geben ist − wegen des Luftwiderstandes.

Hier demonstrieren zwei Hobie-16-Segler einen vorbildlichen Körpertrimm an der Kreuz bei leichtem Wind. Durch die Gewichtsverlagerung weit nach vorn wird das Heck angehoben, wodurch das Wasser besser ablaufen kann. Gleichzeitig wird das Boot leicht luvgierig. Das erleichtert es dem Steuermann bei leichtem Wind wesentlich, optimale Höhe zu steuern

Zwei Forderungen bestimmen den Gewichtstrimm bei Flaute an der Kreuz: Zum einen muß das Körpergewicht so weit nach vorne gebracht werden, wie dies nur möglich ist, zum anderen soll die Windangriffsfläche so gering wie möglich sein – schließlich bläst Ihnen ja der Wind entgegen und versucht Sie zu bremsen. Dieser A-Kat-Segler macht es richtig. Die Spiegel seines Bootes schweben frei über dem Wasser, und die geduckte Haltung erzeugt wenig Windwiderstand. Um ihn noch zu verringern, müßte sich der Steuermann freilich noch flacher auf seinen Kat legen. Doch es bleibt nicht aus, daß er sich zeitweilig etwas aufsetzt, um beispielsweise Winddrehungen und Konkurrenten in einer Regatta genauer beobachten zu können

Sie sollten Ihre Aufmerksamkeit intensiv Verklicker, Strömungsfäden und – beinahe das Wichtigste – Ruhe auf dem Schiff zuwenden; ruckartige Bewegungen sind zu vermeiden. Achten Sie auch auf Geräusche: Gurgeln oder Plätschern zeigt an, daß irgend etwas nicht so ist, wie es sein sollte.

Auf der Kreuz

Um den idealen Gewichtstrimm zu erreichen, sollte sich der Vorschoter in Lee auf das Vorschiff legen; der Steuermann sitzt dann direkt hinter dem Haupthollm in Luv. Das hat mehrere Vorteile:

Die Hecks kommen aus dem Wasser, die Spiegel können sich nicht festsaugen, die Wasserlinie verkürzt sich, und das Schiff wird leicht luvgierig. Der Vorschoter kann aus seiner Position die Strömungsfäden in Lee der Fock besser beobachten, der Steuermann hat ein besseres Gefühl für das Schiff als bei völlig neutralem Trimm. Gleichzeitig haben beide gute Sicht nach allen Seiten, vermögen Winddrehungen frühzeitig zu erkennen und in einer Regatta die Konkurrenten im Auge zu behalten. Die Anstellung des Mastes ist weitestgehend von seinem Profil, vom Segelschnitt und der Lattenspannung abhängig; als Faustformel können für den Amwindkurs bei wenig Wind etwa 30 bis 50 Grad gelten. Dabei müssen flexible Masten stärker angestellt werden als feste.

Die Diamonds werden hart gefahren; ebenso muß das Vorliek des Großsegels knallhart durchgesetzt sein, um Bauch im Segel zu haben. Das Vorliek der Fock dagegen sollte lose sein; es genügt, die Querfalten herauszuziehen. Können Sie den Holepunkt der Fockschot verändern, dann setzen Sie ihn etwas weiter nach vorne, um mehr Bauch in den unteren Teil des Vorsegels zu bekommen.

Beide Segel müssen offen gefahren werden; die Strömung soll am Achterliek frei abfließen können. Achterliek-Strömungsfäden sind eine gute Hilfe.

Viel Gefühl brauchen Sie bei bis zu zwei Windstärken für die Schoten. Haben Sie die richtige Einstellung gefunden, belegen Sie sie. Fahren Sie Korrekturen mit dem Ruder; das bringt mehr, als wenn Sie die Segel alle paar Minuten neu einstellen. Der Traveller soll sich bei „Beinahe-Flau-te" etwa eine Handbreit in Lee befinden.

Schwert und Ruder sind voll abgesenkt

in der tiefsten Position – nehmen Sie auf keinen Fall ein Ruderblatt hoch (Foto oben). Wenn plötzlich doch Wind aufkommt, werden Sie keine Zeit finden, das Blatt rechtzeitig wieder abzusenken. Darüber hinaus beruhigt das Ruder die Abrißströmung am Heck eher, als daß es schaden könnte; der hydrodynamische Widerstand des einen Ruders ist völlig unbedeutend.

Mit halbem Wind

Der Gewichtstrimm kann so bleiben wie auf der Kreuz. Wenn nötig, wechselt der Vorschoter auf den Luvrumpf über.

Die Diamonds lassen Sie in der gleichen Stellung wie an der Kreuz. Der Mast wird jedoch so weit angestellt, wie er dies freiwillig tut. Noch wichtiger als auf der Kreuz ist jetzt ein völlig offenes Achterliek bei beiden Segeln; die Unterlieken müssen maximale Wölbung haben.

Während es auf der Kreuz richtig ist, mit optimaler Segelstellung durch Kurskorrekturen optimale Höhe zu laufen, ist es bei halbem Wind wichtig, möglichst den kürzesten Weg zu segeln, bei einer Regatta also von der Luvtonne in gerader Linie zur Raumtonne. Daher werden hier die Schoten aus der Hand gefahren –

Eine weitverbreitete – in manchen Klassen sogar verbotene – Unsitte ist es, bei Flaute ein Ruderblatt hochzuziehen. Denn dann kann passieren, daß bei einer plötzlich einfallenden Bö auf dem falschen Bug das Boot nicht mehr steuerbar ist. Im übrigen: Der Katamaran wird dadurch ohnehin nicht schneller, weil der Profilwiderstand bei so langsamer Fahrt ohne Bedeutung ist

die Segelstellung paßt sich dem Kurs
an. Fleißige Schotarbeit und auf-
merksames Beobachten der Strömungsfäden bringen auf diesem
Kurs den größten Gewinn.
Die Ruder bleiben voll abgesenkt.
Die Stellung der Schwerter richtet
sich nach dem Trimm des Bootes; sie
können bis zur Hälfte hochgeholt
werden, wenn es das Boot verträgt.
Der Trimm sollte so neutral wie
möglich eingestellt werden.

Vor dem Wind

Auch Katamaranregatten werden auf
der Ziellinie gewonnen; mehr jedoch
als bei Einrumpfbooten wird der
Grundstock für einen Sieg – oder
die Niederlage – auf der Vorwindstrecke gelegt.
Durch sein hohes Geschwindigkeitspotential ist der Katamaran im Gegensatz zum Einrumpfschiff in der
Lage, auch auf Kursen mit achterlichem Wind mit am Segel anliegender
Strömung zu fahren. Die dadurch
entstehenden höheren Vortriebskräfte
lassen ihn weit schneller nach Lee
gelangen als herkömmliche Boote.

*Vorwindsegeln bei Flaute ist alles andere
als einfach. Ruhe auf dem Schiff gilt als
erste Seglerpflicht, das Gewicht muß extrem
nach vorne verlagert werden, die Schwerter
werden je nach Kurs zum Wind dreiviertel
bis ganz nach oben geholt. Da auf diesem
Kurs nicht mit der Strömung am Segel
gesegelt wird, gilt es, jeden Hauch Wind
möglichst gut „einzufangen". Die Segler
von A-Kat (oben) und Tornado (unten)
ziehen sogar die Beine an, um das Gewicht
weit nach vorne zu bringen. Bequemes
Sitzen ist auf Vorwindkurs besonders wichtig, denn jede Bewegung läßt die laminare
Wasserströmung an den Rümpfen abreißen.
Da die Spionfäden auf diesem Kurs versa-
gen (beim Tornado sieht man es deutlich
an der Fock), ist der Steuermann auf andere
Anzeichen angewiesen. Es gibt Steuerleute,
die auf Vorwindkursen bei Flaute rauchen:
Der Zigarettenrauch ist ein guter Windrichtungsanzeiger!*

Das Geheimnis liegt in der sogenannten „Vorwindkreuz". Jeder Kat, dessen Konzeption und Konstruktion, Gewicht und Riggform die Luftströmung auch auf Kursen tiefer als etwa 130 Grad am Segel anliegen lassen, wird mit der Vorwindkreuz schneller nach Lee kommen als auf dem direkten Kurs.

Allgemein gilt:
● Das Rigg mit Fock ist eher zum Vorwindkreuzen geeignet als das Una-Rigg.
● Ein leichter, schlanker Kat kreuzt besser vor dem Wind als ein schwerer mit breiten Rümpfen.
● Je stärker der Wind, desto eher rentiert sich die Vorwindkreuz.

Hier einige typische Klassen und die Windstärken, bei denen die Vorwindkreuz lohnend ist:

Tornado	immer (Fock)
Hydra	immer (Fock)
Dart	ab ca. 2 Bft (Fock)
Hobie 18	ab ca. 2 Bft (Fock)
A-Kat	ab ca. 2 Bft (Una)
Shearwater	ab ca. 3 Bft (Fock)
Hobie 16	ab ca. 3 Bft (Fock)
Prindle 16	ab ca. 3 Bft (Fock)
Hobie 14	ab ca. 4 Bft (Una)
Topcat	ab ca. 4 Bft (Una)
Spark	ab ca. 4 Bft (Una)

Da wir aber gerade das Segeln bei Beinahe-Flaute besprechen, verschieben wir die Beschreibung der Vorwindkreuz dorthin, wo sie für alle Katamarantypen interessant ist: ins Kapitel „Mittelwind: Segeln, wie es am schönsten ist".

Die – unvollständige – Aufstellung oben zeigt, daß die Mehrzahl der Kats bei 0 bis 2 Bft mit dem direkten Kurs nach Lee am besten bedient ist.

Das Mannschaftsgewicht muß dabei so weit wie möglich nach vorne gebracht werden (Fotos links). Der Vorschoter kann sogar ganz zum Leebug rutschen, sich dort hinsetzen und die Fock mit der Hand ausbaumen. Der Steuermann sitzt oder steht am Haupttholm in Luv. Auch er fährt die Schot aus der Hand, wobei er bei Bedarf den Baum mit der Hand nach vorne drückt. Das Großsegel muß möglichst offen gefahren werden.

Ganz gewitzte Katamaransegler achten beim Sitzen oder Stehen sogar darauf, daß sie dem Hauch von Wind, der auf der Vorwindstrecke noch zu spüren ist, ihre Breitseite zuwenden, um mehr davon einzufangen. Wer daran glaubt, dem bringt es vielleicht wirklich etwas.

Jedoch wichtiger auf der Vorwindstrecke ist absolute Ruhe auf dem Boot. Der Katamaran segelt jetzt auf seinem schwächsten Kurs; häufige Strömungsablösungen an den Segeln und am Unterwasserschiff, wie sie bei jeder ruckartigen Bewegung auftreten, werden sich durch Geschwindigkeitsverlust bemerkbar machen.

Der Traveller wird ganz nach Lee gesetzt, die Schwerter werden hochgeholt, die Ruder jedoch bleiben auch auf diesem Kurs beide unten.

Manöver bei Leichtwind

Manöver bei leichtem Wind sind in erster Linie eine Sache des Fingerspitzengefühls. „Eile mit Weile" gilt als oberstes Gebot, hektisches Herumspringen bei Wende oder Halse macht das Manöver letzten Endes auch nicht schneller. Sanfte Pinnenführung, weiche Schotbehandlung und ruhige, harmonisch ablaufende Bewegungen dagegen bringen Schiff und Mannschaft am schnellsten

weiter. Denken Sie immer daran, daß zu starkes Ruderlegen Sie etwa einen Meter kostet. Passiert Ihnen das während einer Wettfahrt zehnmal, liegt der Gegner im Ziel zwei Bootslängen vor Ihnen!

Die Wende darf nur aus einem Kurs hoch am Wind angesetzt werden, sonst verhungert der Kat unterwegs. Dabei wird das Ruder erst sehr leicht, dann, bei abnehmender Geschwindigkeit, stärker gelegt. Die Mannschaft geht dabei so weit nach achtern wie möglich, um durch Entlastung der Vorschiffe die Drehtendenz zu unterstützen.

Je nach Ruderprofil reißt die Strömung am Ruderblatt früher oder später ab, wenn Sie den Anstellwinkel verändern. Besonders langsame und besonders schnelle Fahrt durchs Wasser beschleunigen diesen Vorgang. Legen Sie also nie zuviel Ruder; als allgemeiner Grenzwert können je nach Geschwindigkeit etwa 12 bis 30 Grad angesehen werden. Dann reißt selbst bei „gutmütigen" Profilen die Strömung ab, und es ergibt sich im wesentlichen nur noch eine Bremswirkung. Die aber können Sie gerade bei wenig Wind am wenigsten brauchen.

Sobald das Boot durch den Wind geht, werden die Schoten aufgemacht und erst dann wieder dichtgenommen, wenn der Kat weit auf den neuen Bug abgefallen ist. Dabei wird zuerst die Fock dichtgeholt, danach das Groß, dessen Latten durch einen kurzen Ruck am Baum zum Umspringen nach Lee gebracht werden (Fotos nächste Seiten).

Ist der Kat trotz aller Vorsicht doch in der Wende verhungert: keine Panik und kein hektisches „Ruderwedeln"!

Legen Sie das Ruder um, machen Sie die Segel ganz auf, und warten Sie, bis das Boot, über den Achter-

Die Wende mit einem Einmannkatamaran, hier mit einem Topcat bei leichtem Wind:

Durch gefühlvolles Ruderlegen luvt das Boot in großem Bogen an

Dabei läßt sich der Traveller problemlos in die neue Leeposition schieben

Geht das Boot durch den Wind, wird die Großschot aus der Klemme genommen und aufgefiert

Der Steuermann wendet sich nach achtern . . .

Damit der Katamaran beim Dichtnehmen der Großschot
anspringt, fällt man über den neuen Kurs hinaus etwas ab

. . . und schwenkt den Pinnenausleger zur neuen Seite, ohne den
eingeleiteten Bogen durch falsche Ruderbewegungen zu stören

Und weiter geht's auf dem anderen Bug!

Wenn der Katamaran in der Wende verhungert, kann man ihn durch ein kräftiges Durchholen der Pinne bei gleichzeitig halb aufgeholten Ruderblättern auf den neuen Kurs zwingen. Gleichermaßen läßt sich das Boot bei Flaute durch wiederholtes „Wedeln" vorwärtsbewegen. Zu Beginn dieser Aktion müssen die Ausschläge größer sein, mit zunehmender Geschwindigkeit können sie jedoch immer kürzer werden. Übrigens: Bei Regatten ist dieser Trick nicht zulässig

steven treibend, weit genug gedreht hat.

Ist der Wind so schwach, daß Sie zu dieser Korrektur allzu lange brauchen würden, hilft ein kleiner Trick: Holen Sie beide Ruderblätter halb auf, legen Sie langsam Ruder entgegen der ursprünglichen Drehrichtung, und holen Sie dann zügig die Pinne durch (siehe Foto). Dies sollte in der Regel genügen, um den Katamaran auf den neuen Bug zu bringen. „Wedeln" mit abgesenkten Ruderblättern bringt dagegen kaum etwas.

Danach fieren Sie die Ruder wieder voll ab und stellen die Segel auf den neuen Kurs ein.

Über die Halse bei Leichtwind gibt es kaum etwas zu sagen. Man wirft den Baum einfach über und bringt die Latten zum Umspringen. Fertig. Dabei wird der Kat etwas beschleunigt; das sollte Sie in einer Regatta jedoch nicht dazu veranlassen, auf der gesamten Vorwindstrecke eine Halse nach der anderen zu machen – die Konkurrenten haben das nicht so gerne . . .

Mittelwind: Segeln,
wie es am schönsten ist

Mit einem schnellen Kat bei Windstärke drei oder vier dahinzuschießen, in voller Fahrt über das Revier zu zischen – das ist Katamaranseglers Traum. Da wird man nicht müde oder lustlos. Das ist Geschwindigkeit praktisch ohne Gefahr einer Kenterung oder von Materialschaden. Da kann man sogar eine Regatta verlieren – schön ist es doch! Mittelwind ist auch ideal, um das Boot einzutrimmen, Manöver zu üben (was man gar nicht oft genug tun kann) und taktische Ideen auszuprobieren. Zum Testen von neuer Segelgarderobe eignet er sich ebenso gut wie für Kenterübungen – wobei Sie zur Sicherheit aber noch für einen Begleiter in einem zweiten Boot sorgen sollten.

Bei Mittelwind werden Sie zum erstenmal ein neues Gerät zum Bootstrimm benutzen: das Trapez.

Das Trapez

Bevor wir die einzelnen Kurse behandeln, noch einige allgemeine Anmerkungen zu dieser Trimmhilfe. Wichtig ist vor allem ein guter, dem Träger genau angepaßter Trapezgurt (siehe Fotos), besser eine Trapezhose. Sie muß fest sitzen, ohne zu drücken. Polsterungen speziell an den Beinabschlüssen und im Rücken sind kein Luxus, sondern erhöhen durch mehr Bequemlichkeit die Konzentrationsfähigkeit des Vorschoters. Zwar soll ein Trapezgurt nicht untergehen, wenn er mal ohne Mann über Bord gewaschen wird; er darf aber auch nicht soviel Auftrieb haben, daß die Gefahr besteht, daß er seinen Träger – sollte dieser über Bord fallen – aus der ohnmachtsicheren Rückenlage

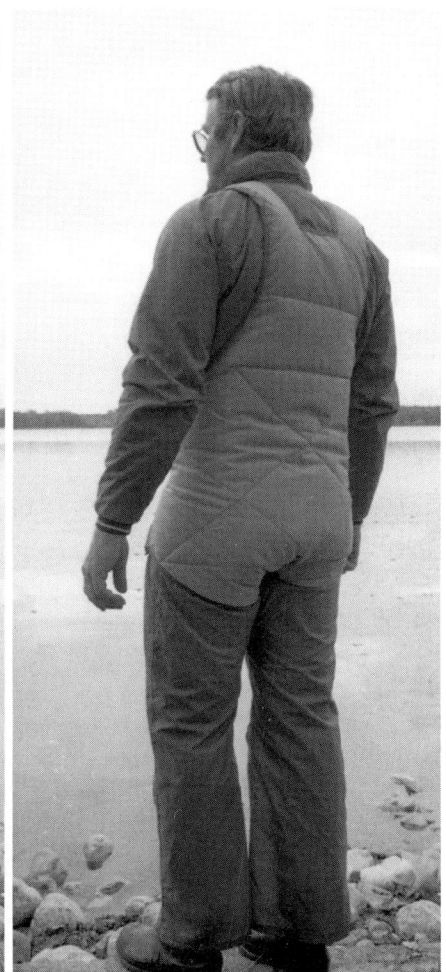

in die Bauchlage dreht. Verstellmöglichkeiten müssen an den Beinen, in der Rückenlänge und im Umfang gegeben sein, und eine einmal eingestellte Position muß sicher halten. Je höher der Trapezgurt im Rücken reicht, desto besser; je breiter die Gurte, desto bequemer.
Wer beim Katamaran ins Trapez geht, sollte sich nicht so flach hängen wie bei Einrumpfbooten, da der Wellenschlag bei den Kat-üblichen Geschwindigkeiten sonst nicht nur für kräftige Prügel für den Schotten

So sollte ein guter Trapezgurt aussehen. Wichtig ist vor allem ein enger Sitz, der nur durch ausreichende Verstellmöglichkeiten der Gurte zu erreichen ist. Der Haken muß tief sitzen (links), die Rückenpartie sollte möglichst hoch über die Schultern reichen (rechts). Zumindest derjenige, der beim Hereinpendeln in das Boot schon einmal mit Schwung mit der Scheuerleiste zusammengestoßen ist, wird eine solide Polsterung nicht mehr als unsportlichen Luxus ansehen

Auf Binnenrevieren sollte man im Trapez bei gestreckter Haltung etwa in Höhe des Decks hängen, auf offenen Revieren besser 15–20 cm höher. Die beiden G-Cat-Segler hängen fast noch zu tief und sollten auch etwas mehr gegrätscht stehen

Vorbildlich die Grätsche, die dieser Wing-Segler demonstriert. Sie erst gibt dem Mann im Trapez auf einem Einmannkatamaran die erforderliche Sicherheit

sorgt, sondern diesen auch nach achtern schleudern und das Boot recht spürbar abbremsen kann. Zudem gibt es dann noch Einstiegprobleme.

> Als Faustregel gilt:
> Wenn der Vorschoter auf der Kante ausreitet, sollte er bereits vom Trapez mitgetragen werden.

Katamarane, auf denen ein Trapez vorgesehen ist, müssen auch darauf eingerichtet sein, daß diese Trimmhilfe nicht nur wirkungsvoll, sondern auch

sicher genutzt werden kann. Dazu gehören unbedingt Fußschlaufen an der Deckskante (Foto S. 74).
Solche Schlaufen müssen so angebracht sein, daß sie von selbst offenbleiben, so daß der Trapezmann ohne zu fummeln seine Füße einhängen kann. Sie müssen auch so weit sein, daß in kritischen Situationen die Füße sich nicht in den Schlaufen verheddern können.
Eine weitere Hilfe, vor allem für Raum- und Vorwindkurse, sind Hecktrapeze (Foto S. 76). Ihre Länge wird auf den jeweiligen Trapezmann eingestellt. Hier ist es ebenfalls

▲ Bei mittlerem Wind reitet der Trapezmann auf der Kante sitzend so weit aus, daß das eingehängte Trapez bereits mitträgt und die anstrengende Ausreithaltung angenehm unterstützt. Beginnt der Rumpf in einer Bö plötzlich zu steigen, kann der Trapezmann sofort nach außen schwingen, ohne lange am Trapezgeschirr fummeln zu müssen

◄ Fußschlaufen sollen so an der Deckskante angebracht werden, daß sie am Rumpf nicht anliegen, sondern gut abstehen – man kommt mit dem Fuß dann schneller hinein. Auch muß man sie sehr fest anschrauben, weil sie häufig zum Tragen des Katamarans zweckentfremdet werden

Der Vorschoter dieses Tornado macht sich für das Trapez fertig, eingehängt ist er noch nicht. Es wäre für ihn wesentlich besser – und auch sicherer –, sich nach dem Einhängen etwas mehr außenbords zu hängen. Es passiert immer wieder, daß sich das unter zu geringer Spannung stehende Trapezgeschirr wieder aushängt, ohne daß der Vorschoter es bemerkt. Er geht mit Schwung nach außen – und schwimmt! ▶

Dieses Hecktrapez an einer Stampede besteht lediglich aus einem kleinen S-Haken, der durch einen Gummizug im Achterholm gehalten wird (rechts). Steht der Trapezmann auf raumen Kursen weit genug achtern (unten), so holt er sich den Haken aus dem Achterholm und pickt ihn im Trapezgeschirr mit ein. Wenn die Füße dann noch in ausreichend dimensionierten Fußschlaufen stecken, steht der Trapezmann auch nach einem plötzlichen „Bohrer" noch da, wo er auf diesem Kurs hingehört — nämlich achtern

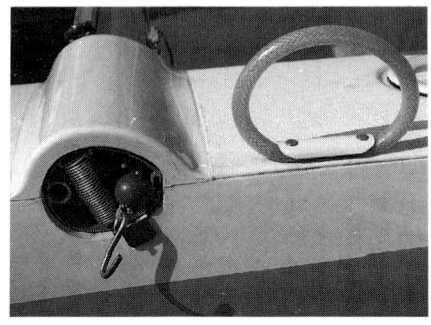

wichtig, darauf zu achten, daß man sich schnell und mit nur einer Hand (die andere braucht man für die Schot) ein- und aushängen kann. Auch ohne diese technischen Einrichtungen muß der Trapezmann sicheren Stand haben. Meist wird dies durch das Aufkleben von Antirutschbändern erreicht, die es von verschiedenen Herstellern gibt.

Ein Segler, der ins Trapez geht, muß stets Schuhe tragen!

Nicht immer sofort ins Trapez springen, wenn eine Bö kommt. Hält sie nur kurz an, ist es besser, wenn man ein wenig auffiert und dadurch das Boot ruhig weiterlaufen läßt, als pausenlos rein- und rauszuspringen.

Auf der Kreuz

Bei Mittelwind werden Vorschoter und Steuermann versuchen, das Boot so auszutrimmen, daß der Leebug gerade noch ausreichend Freibord hat, um auch eine Welle zu verkraften; die Sitzposition wird also etwa knapp hinter dem Hauptholm sein (Foto rechts oben).

Beide sollen sehr eng nebeneinander sitzen (Foto rechts unten), um den Luftwiderstand so gering wie möglich zu halten, die Füße unter die Ausreitgurte gesteckt (gepolsterte sind bevorzugt).

Gleichgültig, ob der Vorschoter im Trapez steht oder nicht: Es ist allein Sache des Steuermanns, den Katamaran „in der Schwebe" zu halten. Gleichmäßigen Wind vorausgesetzt, sollte der Trapezmann höchstens durch mehr oder minder starkes Einfedern mit den Knien etwas mithelfen. Reicht der Wind für das Trapez nicht immer aus, ist es vernünftiger, wenn beide auf der Kante ausreiten und gelegentlich einfallende

Böen durch Fieren der Schoten abfangen (soweit Anluven nicht genügt).

Lassen Sie Ihren Kat nie zu hoch steigen, denn er wird dies mit Geschwindigkeitsverlust quittieren (Fotos S. 78 links). Besser ist es, wenn Sie ihn so austarieren, daß er zwischendurch einmal auf eine Welle leicht aufsetzt, denn dies kostet kaum Fahrt. Da die Luftströmung am Segel mit einer gewissen Verzögerung wirksam wird, ist Aufmerksamkeit besonders wichtig. Schon während der Kat steigt, sollten Sie daher leicht anluven und bereits dann weich abfallen, wenn Sie spüren, daß der Luvrumpf anfängt, sich wieder zu senken. Je früher Sie dabei reagieren, desto exakter können Sie den Katamaran im idealen Quertrimm fahren. Werden Änderungen des Längstrimms nötig, genügt es, wenn ein Mann seine Position wechselt.

Der Mast wird etwas weniger weit gedreht als bei Leichtwind; riggabhängig wird ein Winkel herauskommen, der etwa zwischen 30 und 45 Grad liegt (Zeichnung S. 79). Die Diamonds werden etwas loser gefahren als bei Leichtwind, jedoch noch nicht locker.

Das Vorliek des Großsegels sollte ebenfalls lockerer sein als bei Leichtwind, das Vorliek der Fock dagegen härter durchgesetzt. Den Ausholer für das Unterliek des Großsegels (Fotos S. 78 rechts) wird man fast bis zum Anschlag nach achtern holen und nur etwa zehn Prozent Bauch im Segel lassen. Das Achterliek fährt man schon nahezu geschlossen. Die Großschot wird dichtgeholt und belegt, jedoch in der Hand behalten — der möglichen Böen wegen; der Traveller wird bei den meisten Booten etwa 20 bis 25 cm in Lee gefahren. Die Fockschot wird ebenfalls dichtgeholt; besondere Aufmerksamkeit hat

Bei leichtem bis mittlerem Wind soll die Mannschaft ihr Gewicht so weit wie möglich nach vorne verlagern. Dadurch wird das Heck angehoben und der Wasserablauf am Spiegel wegen des freiwerdenden Kielbogens ruhiger und damit besser.
Auf diesem A-Kat wird ein vorbildlicher Gewichtstrimm demonstriert

Vorschoter und Steuermann sitzen auf diesem Tornado eng beisammen: der Vorschoter vor der Want, der Steuermann dahinter. Man erkennt deutlich, wie das so weit nach vorn getrimmte Gewicht die Spiegel freimacht. Obwohl das Boot schon kurz davor ist, den Luvrumpf aus dem Wasser zu heben, ist der Spiegel am Leerumpf immer noch frei

◀ Sicher ist die Aussicht besser, wenn man einen Katamaranrumpf so hoch oben fährt. Die Aussicht aber, damit auch schneller zu fahren, ist schon wesentlich schlechter. Sowohl der Hobie 18 (oben) als auch der Tornado (unten) sind eindeutig eine Etage zu hoch und können die Kraft im Segel auf diese Weise nicht in Geschwindigkeit umsetzen

Bei einer ganzen Reihe von Rennkatamaranen läuft der Ausholer des Unterliekstreckers im Aluprofil des Großbaums. Auf dem abgebildeten Wing-Katamaran ist das gut zu erkennen: Oben ist das Unterliek durchgesetzt für die Kreuz, unten ist es lose für den Raumschotskurs – mit dem Effekt einer großen Segelwölbung ▼

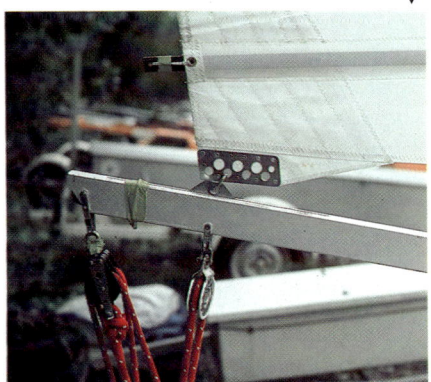

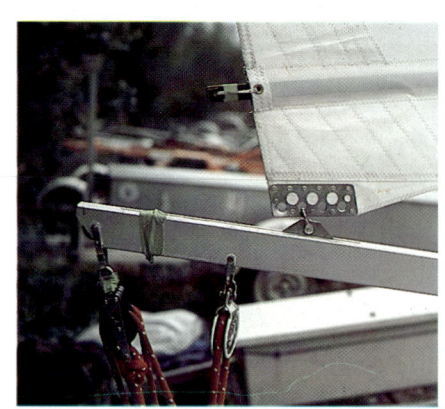

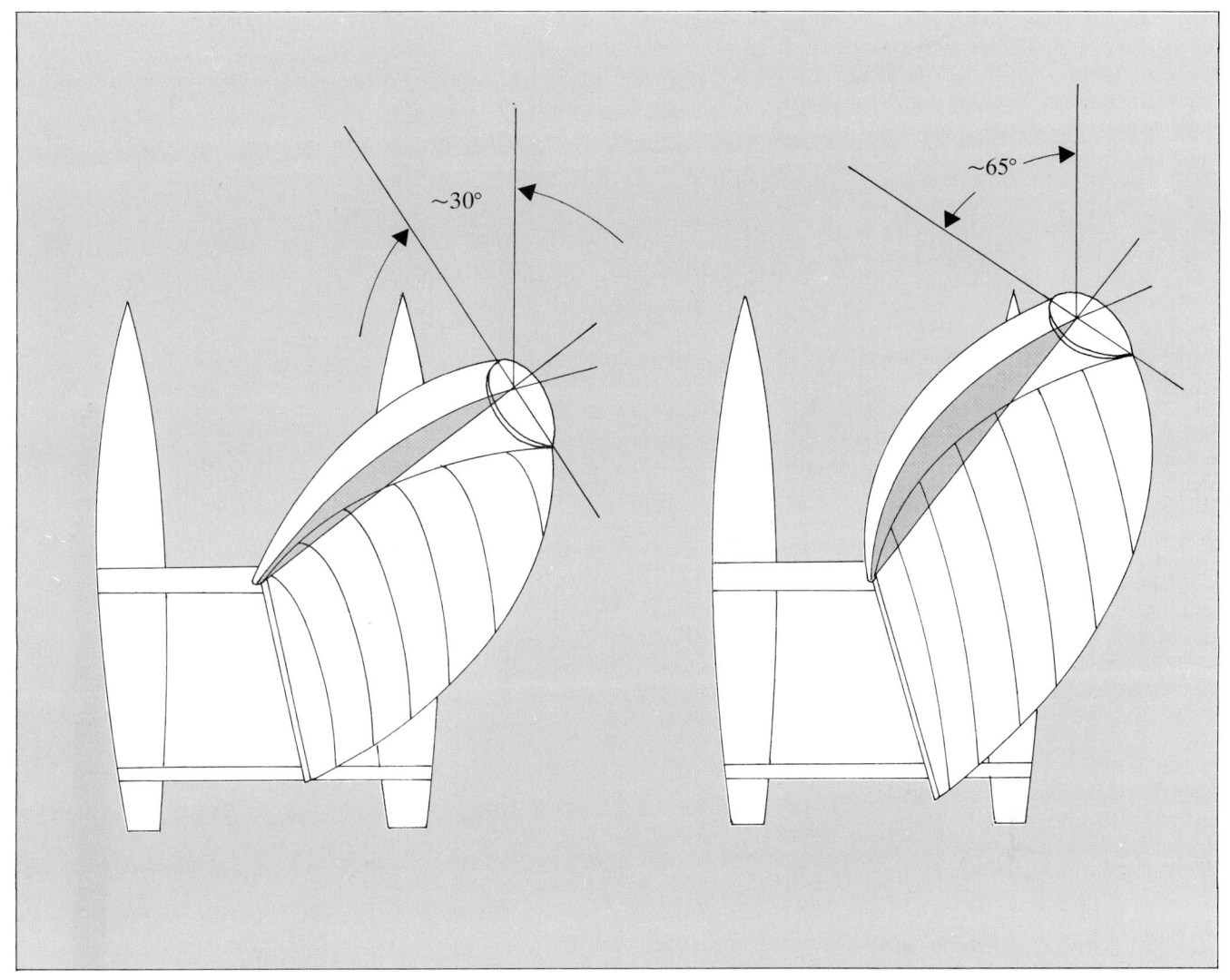

*Einfluß der Mastdrehung auf die Mast-
biegekurve und die Tiefe der Wölbung:
Links = geringe Mastdrehung:
− starke Biegung nach Lee
− geringe Biegung nach vorn
− bauchiges Segel*

*Rechts = starke Mastdrehung:
− geringe Biegung nach Lee
− starke Biegung nach vorn
− flaches Segel*

der Schotte dabei den Leefäden
im Groß zu widmen, um die Gefahr
eines Gegenbauches rechtzeitig zu
erkennen.
Wie bei leichtem Wind, sollten
Korrekturen an der Kreuz grundsätzlich zuerst mit dem Ruder gefahren
werden, wobei man sich mit geringem
Ruderausschlag begnügt; wildes
Wedeln bremst den Kat nur. Schwer-

ter und Ruder müssen natürlich voll
abgesenkt sein.

Mit halbem Wind

Der Gewichtstrimm auf Halbwindkurs
sollte so angelegt werden, daß am
Leebug stets noch zehn Zentimeter
Reserveauftrieb bis zum Unterschneiden übrigbleiben. Das sollte

für „normale" Böen genügen.

Sehen Sie eine besonders starke Bö kommen, dann trimmen Sie Ihr Boot schon *vor* deren Eintreffen stark nach achtern − nach vorne können Sie leichter gehen als nach achtern! Nach wie vor soll die Crew eng nebeneinander sitzen, um wenig Widerstand zu erzeugen. Zwar wird das Trapez bei diesen Bedingungen kaum noch gebraucht, und der Vorschoter kann die Füße auch unter die Reitgurte stecken; sicherheitshalber soll er aber sein „Geschirr" angelegt lassen.

Der Mast muß nun bis zum Anschlag gedreht werden, die Spannung der Diamonds bleibt wie auf der Kreuz. Während das Vorliek der Fock eher etwas lockerer gefahren wird als an der Kreuz, bleibt das Vorliek des Großsegels unverändert auf mittlerer Spannung. Das Unterliek stellt man auf eine mittlere Segelwölbung ein (als Anhalt können 20 bis 25 Prozent gelten), und über das Achterliek gibt man dem Großsegel ein wenig Twist.

Als Twist (= Verwindung) bezeichnet man unterschiedliche Anstellwinkel über die Höhe des Segels hinweg (siehe Foto). Eigentlich also etwas, was man aus aerodynamischen Gründen gerne vermeidet. Twist bietet jedoch auch einen Vorteil: Durch die unterschiedlichen Anstellwinkel wird beim Abreißen der Strömung an

Unter Twist versteht man eine starke Verwindung des Großsegel-Achterlieks. Man sieht auf dem Foto deutlich, wie das Segel oben ausweht, während im unteren Bereich gepreßt wird. Das bedeutet, daß das Segel nur im mittleren Drittel den vollen Auftrieb bringt. Auch auf diesem Boot sollte der Traveller schnellstens ganz nach Lee aufgefiert werden. Nur wenn mit viel Anluven und Abfallen die Welle ausgesegelt wird, darf das Segel im Achterliek etwas Verwindung haben. Das hier aber ist auf jeden Fall zuviel

einer Stelle nicht gleich das gesamte Segel wirkungslos beziehungsweise in seiner Vortriebsleistung eingeschränkt. Denn immer noch zieht ein Teil des Segels voll, derjenige nämlich, dessen Anstellwinkel jetzt genau stimmt. Twist wird um so wichtiger, je häufiger der Anstellwinkel zum Wind aufgrund von Wellenbewegungen, kurzzeitigen Böen, gestörtem Wind oder taktischen Maßnahmen vorübergehend geändert wird.

Twist erreicht man durch Fieren der Großschot, wobei jedoch der Traveller in der korrekten Position belegt bleibt. Je diagonaler dabei der Schotzug am Schothorn angreift, desto mehr Twist wird erzielt.

> Für Twist gilt grundsätzlich: so viel wie unbedingt nötig, so wenig wie möglich!

◀ *Der Steuermann dieses Unicorn ist auf einen raumeren Kurs abgefallen, ohne sein Körpergewicht im Trapez weiter nach achtern zu verlagern − er steht noch in der gleichen Position wie auf dem Kreuzkurs. Wie dieser klassische „Bohrer" erkennen läßt, hat ihm das sein Boot sehr übel genommen und die Nase weggesteckt*

◀ *Dieser Tornado segelt mit seinem Leebug bereits im Grenzbereich, Reserveauftrieb für eine Bö ist nicht mehr vorhanden. Im glatten Wasser mag so etwas noch angehen; bei Welle ist das jedoch keinesfalls zu empfehlen, da sollten zwischen Bugspitze und Wasseroberfläche noch mindestens zwei Handbreit bleiben. Ein weiterer Nachteil ist, daß die abgesenkten Ruderblätter mit zunehmendem Wegtauchen der Bugspitzen immer weiter aus dem Wasser kommen und der Katamaran insbesondere bei hohen Geschwindigkeiten zunehmend schlechter manövrierbar wird*

81

Die Großschot wird jetzt aus der Hand gefahren und über den Schotzug das Steigen des Luvrumpfes gesteuert.

Achtung: Je mehr das Boot steigt, desto eher bohrt sich der Leerumpf fest (Fotos S. 81)! Halten Sie daher den Luvrumpf so flach wie möglich über dem Wasser.

Auch die Fockschot wird aus der Hand gefahren; beide Segel werden so genau wie möglich nach den Strömungsfäden eingestellt. Der Traveller befindet sich je nach Kurs halb bis ganz in Lee, das Boot bleibt exakt auf Zielkurs, und die Strömung wird durch Schotarbeit an den Segeln anliegend gehalten.

Die Ruder bleiben natürlich in der tiefsten Position, die Schwerter finden – je nach Trimmzustand – ihre Stellung zwischen tiefster Position und halb hoch.

Fly, Hobie, fly. Zugegeben, optimale Geschwindigkeit wird dieser Segler nicht erreichen; aber gibt es Schöneres, als so zwischen Wasser und Himmel, Licht und Luft zu schweben?

Vor dem Wind

Schon bei drei bis vier Windstärken zahlt sich für die meisten Katamarantypen die Vorwindkreuz aus. Ab wann genau sich diese Art der Annäherung an ein Ziel in Lee rentiert, ist vor allem von der Bauart des Kats abhängig (siehe Seite 67) und von der Wellenhöhe.

Je höher die Welle ist, desto eher macht sich eine Kreuz vor dem Wind bezahlt, da die nach Lee laufende Welle ein zusätzliches Beschleunigungselement darstellt. Alles aber, was dem Katamaran zu mehr Geschwindigkeit verhilft, unterstützt auch die Vorwindkreuz.

Die Entscheidung ist für den Steuermann nicht eben leicht und in erster Linie eine Sache von Erfahrung und Gefühl. Zwei wesentliche, sich gegenseitig widersprechende Ansprüche ergeben erst in dem schmalen Bereich der idealen Kombination einen wirklichen Gewinn:

Da ist zunächst der Leegewinn. Je kürzer der zurückzulegende Weg nach Lee, desto größer ist der Leegewinn normalerweise. Der Leegewinn allein spräche also für den direkten Weg nach Lee, wie wir ihn im Kapitel über die Leichtwind-Vorwindstrecke beschrieben haben.

Die zweite Komponente ist der Geschwindigkeitsgewinn. Während der Leegewinn den Skipper danach trachten läßt, abzufallen, um einen kurzen Weg zu fahren, zwingt ihn die Aussicht auf Geschwindigkeitsgewinn, anzuluven, denn nur dann wird der Kat willig beschleunigen.

Daraus ergibt sich: Wer zu tief segelt, hat kürzeren Weg, aber weniger Geschwindigkeit; wer zu hoch segelt, hat höhere Geschwindigkeit, aber auch eine wesentlich längere Distanz

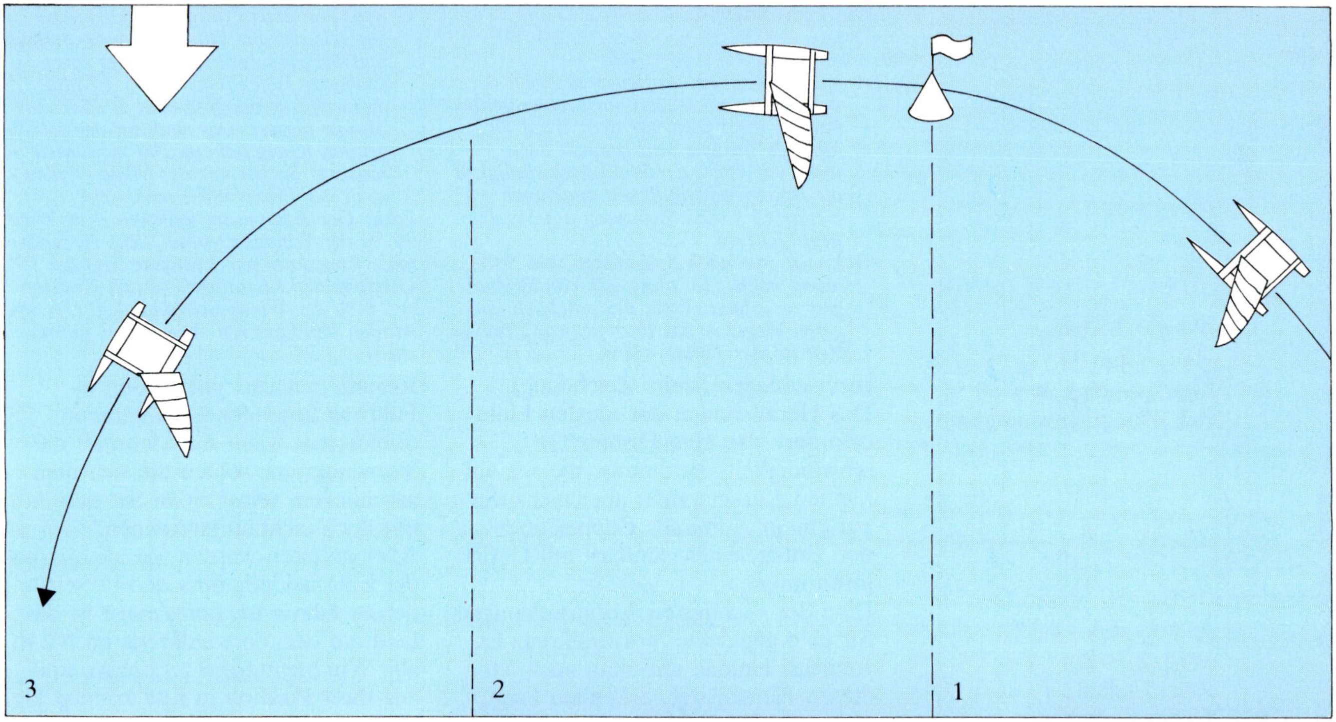

3

2

1

Abfallen an der Luvtonne:
1 Nach der Kreuz weich abfallen
2 Mit halbem Wind maximale Geschwin-
  digkeit holen
3 Weich abfallen und die Geschwindigkeit
  dazu nutzen, um mehr Tiefe zu laufen

Der Steuermann dieses O.K.-Katamarans
rundet die Luvtonne gefühlvoll und in wei-
tem Bogen. Im gleichen Maße, wie sich
der Winkel des scheinbaren Windes ändert,
werden Großschot und Traveller aufgefiert.
Die Kunst besteht nun darin, die so ge-
wonnene höhere Geschwindigkeit möglichst
weit mit auf die Vorwindkreuz zu nehmen

Vor dem Wind

Schon bei drei bis vier Windstärken zahlt sich für die meisten Katamarantypen die Vorwindkreuz aus. Ab wann genau sich diese Art der Annäherung an ein Ziel in Lee rentiert, ist vor allem von der Bauart des Kats abhängig (siehe Seite 67) und von der Wellenhöhe.

Je höher die Welle ist, desto eher macht sich eine Kreuz vor dem Wind bezahlt, da die nach Lee laufende Welle ein zusätzliches Beschleunigungselement darstellt. Alles aber, was dem Katamaran zu mehr Geschwindigkeit verhilft, unterstützt auch die Vorwindkreuz.

Die Entscheidung ist für den Steuermann nicht eben leicht und in erster Linie eine Sache von Erfahrung und Gefühl. Zwei wesentliche, sich gegenseitig widersprechende Ansprüche ergeben erst in dem schmalen Bereich der idealen Kombination einen wirklichen Gewinn:

Da ist zunächst der Leegewinn. Je kürzer der zurückzulegende Weg nach Lee, desto größer ist der Leegewinn normalerweise. Der Leegewinn allein spräche also für den direkten Weg nach Lee, wie wir ihn im Kapitel über die Leichtwind-Vorwindstrecke beschrieben haben.

Die zweite Komponente ist der Geschwindigkeitsgewinn. Während der Leegewinn den Skipper danach trachten läßt, abzufallen, um einen kurzen Weg zu fahren, zwingt ihn die Aussicht auf Geschwindigkeitsgewinn, anzuluven, denn nur dann wird der Kat willig beschleunigen.

Daraus ergibt sich: Wer zu tief segelt, hat kürzeren Weg, aber weniger Geschwindigkeit; wer zu hoch segelt, hat höhere Geschwindigkeit, aber auch eine wesentlich längere Distanz

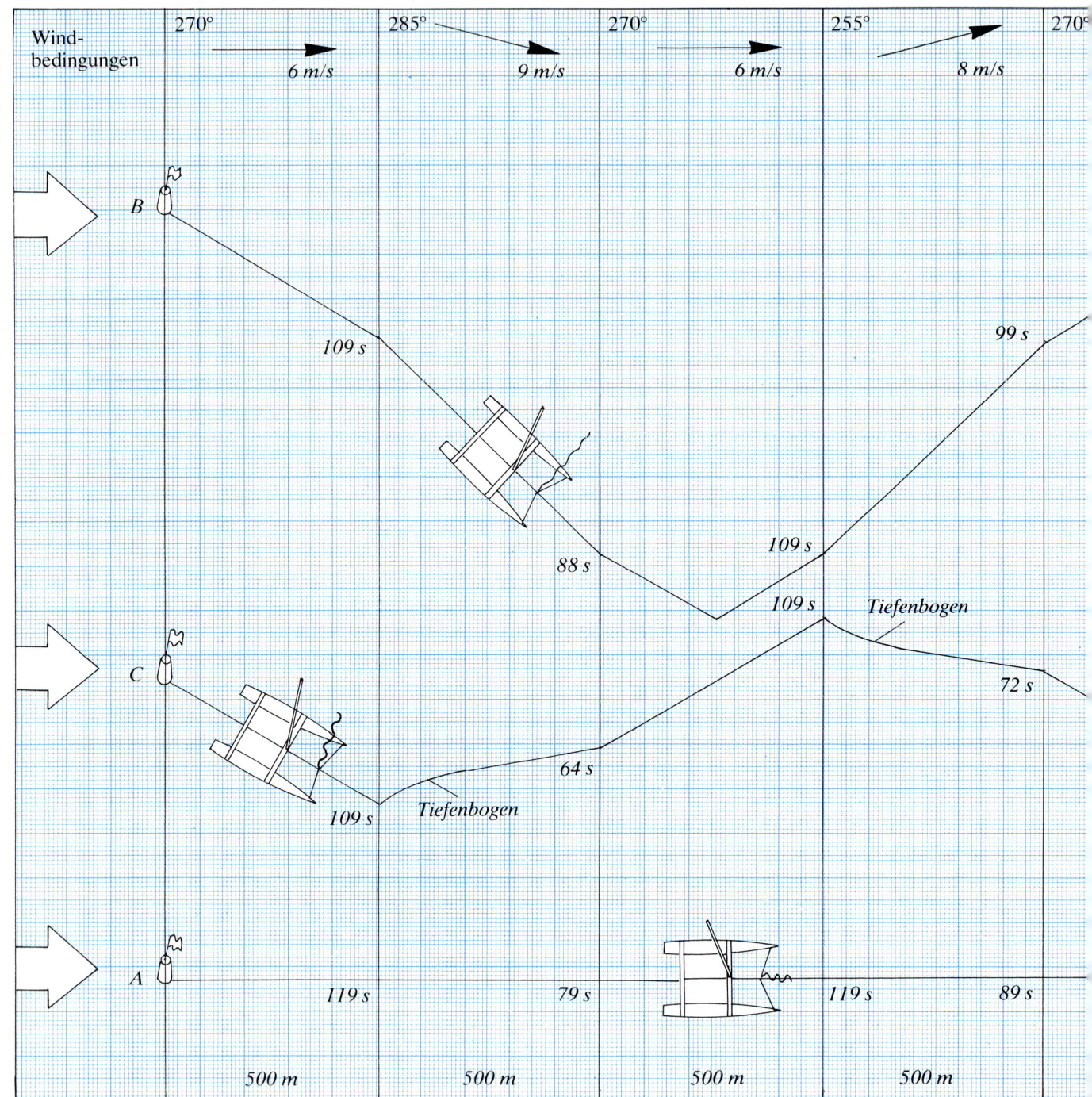

Wind-
bedingungen

270° → 6 m/s   285° → 9 m/s   270° → 6 m/s   255° → 8 m/s   270°

B 109 s   99 s

109 s
88 s   109 s   Tiefenbogen   72 s

C 109 s   64 s

109 s   Tiefenbogen

A 119 s   79 s   119 s   89 s

500 m   500 m   500 m   500 m

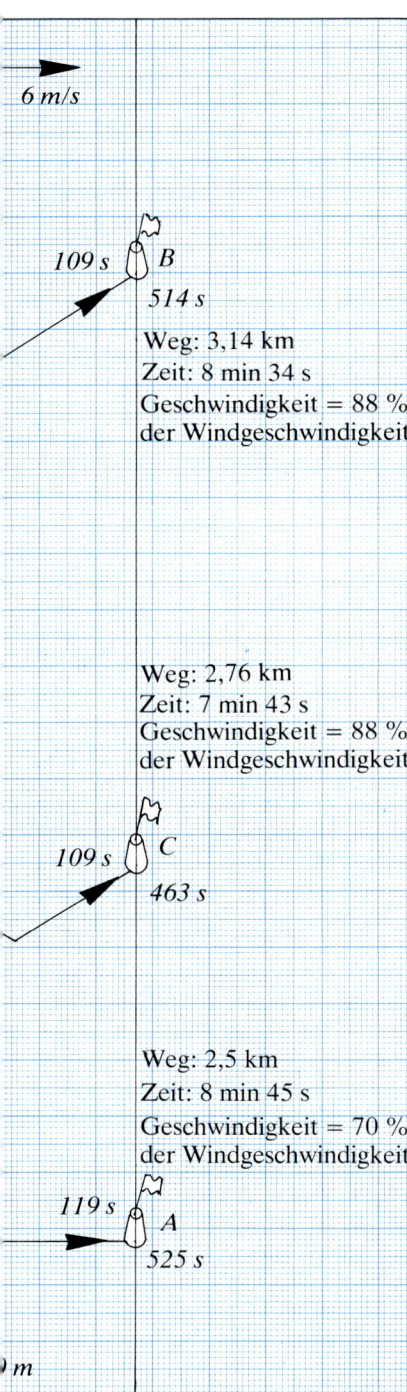

6 m/s

109 s B
    514 s

Weg: 3,14 km
Zeit: 8 min 34 s
Geschwindigkeit = 88 %
der Windgeschwindigkeit

Weg: 2,76 km
Zeit: 7 min 43 s
Geschwindigkeit = 88 %
der Windgeschwindigkeit

109 s C
    463 s

Weg: 2,5 km
Zeit: 8 min 45 s
Geschwindigkeit = 70 %
der Windgeschwindigkeit

119 s A
    525 s

0 m

Die Vorwindkreuz:

A wird von einem Anfänger gesegelt, der vom Vorwindkreuzen noch nichts gehört hat. Er fährt platt vor dem Wind die kürzeste Distanz und braucht dazu − wenn wir 70 % der Windgeschwindigkeit als Bootsgeschwindigkeit annehmen − 8 min 45 s. Die Strömung am Segel liegt nicht an

B kreuzt stur nach Spionfäden und Strömung nach Lee, ohne auf Winddrehungen zu achten. Trotz des erheblich längeren Weges ist das Boot fast zur gleichen Zeit an der Tonne wie A

zurückzulegen (siehe Zeichnung). Das Herausfinden der idealen Linie erfordert also eine Distanz/Geschwindigkeits-Rechnung, die wir auf kleinen Katamaranen aber nicht wie auf einem Admiral's Cupper über den Bordrechner, sondern mit Gefühl lösen müssen.

Eine der wichtigsten Voraussetzungen für eine geglückte Vorwindkreuz ist zunächst einmal, daß man auch auf diesen Kursen stets erkennen kann, ob die Luftströmung noch am Segel anliegt.

> Achten Sie immer auf die Strömungsfäden, und reagieren Sie auf alle Veränderungen sofort durch Luven oder Abfallen.

Das wirklich Schwierige an der Vorwindkreuz ist, daß sie nie eine gerade Linie darstellt. Denn um zum Erfolg zu kommen, muß man zwei gegenläufige Kursbögen segeln, die wiederum von den beiden Faktoren Geschwindigkeit und Tiefe abhängig sind.

Erst der „Beschleunigungsbogen" (s. S. 89) bringt den Kat so auf Geschwindigkeit, daß man abfallen und einen „Tiefenbogen" segeln kann, ohne wesentlich an Fahrt zu verlieren.

Hinsichtlich der Frage „Kreuzen oder nicht?" können Sie sich bei einer

C wird von einem ausgekochten Fuchs gesegelt, der alle Winddrehungen mithält und bei Zunahme des Windes einen sauberen Tiefenbogen fährt. Er holt dadurch gegenüber A und B über eine Minute heraus. Das sind auf der folgenden Kreuz nahezu 200 m! Durch sauberes Surfen vor der Welle werden es in der Praxis noch mehr sein

Fazit: Der Katamaran läuft vor dem Wind 70 % der Windgeschwindigkeit; der optimale Kreuzkurs zur Leetonne liegt bei 30°. Geschwindigkeitszunahme durch Kreuzen = 18 % der Windgeschwindigkeit (16 % würden den längeren Weg bereits gutmachen)

Regatta zunächst gut an den in Führung liegenden Katamaranen orientieren; wählt die Mehrheit die Vorwindkreuz, sollten Sie sich dem anschließen, selbst wenn Sie sich damit noch nicht so auskennen.

Alleingelassen werden Sie allemal bei der Entscheidung über den Leewinkel, der zu fahren ist, denn meist ist das Feld auf der Vorwindkreuz im Nu in alle Windrichtungen zerstoben, und aus Ihrer Position in Luv können Sie kaum feststellen, wer warum vorne liegt, da ja die Kats alle „ihren" speziellen Beschleunigungs- oder Tiefenbogen fahren. Auf welchem Bogen ein Katamaran gerade segelt, ist selbst bei genauer Beobachtung nur sehr schwer festzustellen.

Während einer Regatta werden Sie ohnehin nicht die Zeit (und auch wohl kaum die Ruhe) haben, um einem anderen Boot minutenlang zuzuschauen.

Noch bevor Sie um das Faß in Luv abfallen, sollten Sie bereits erkannt haben, welche Seite bevorzugt ist. Dies ist meist einfach und wie bei einer normalen Kreuz, bei der es ja auch fast immer eine bevorzugte Seite gibt, auf der einen der Schlag näher an die Tonne bringt als auf der anderen Seite.

Die für die Kreuz nach Luv begünstigte Seite ist gleichzeitig auch die begünstigte Seite für die Vor-

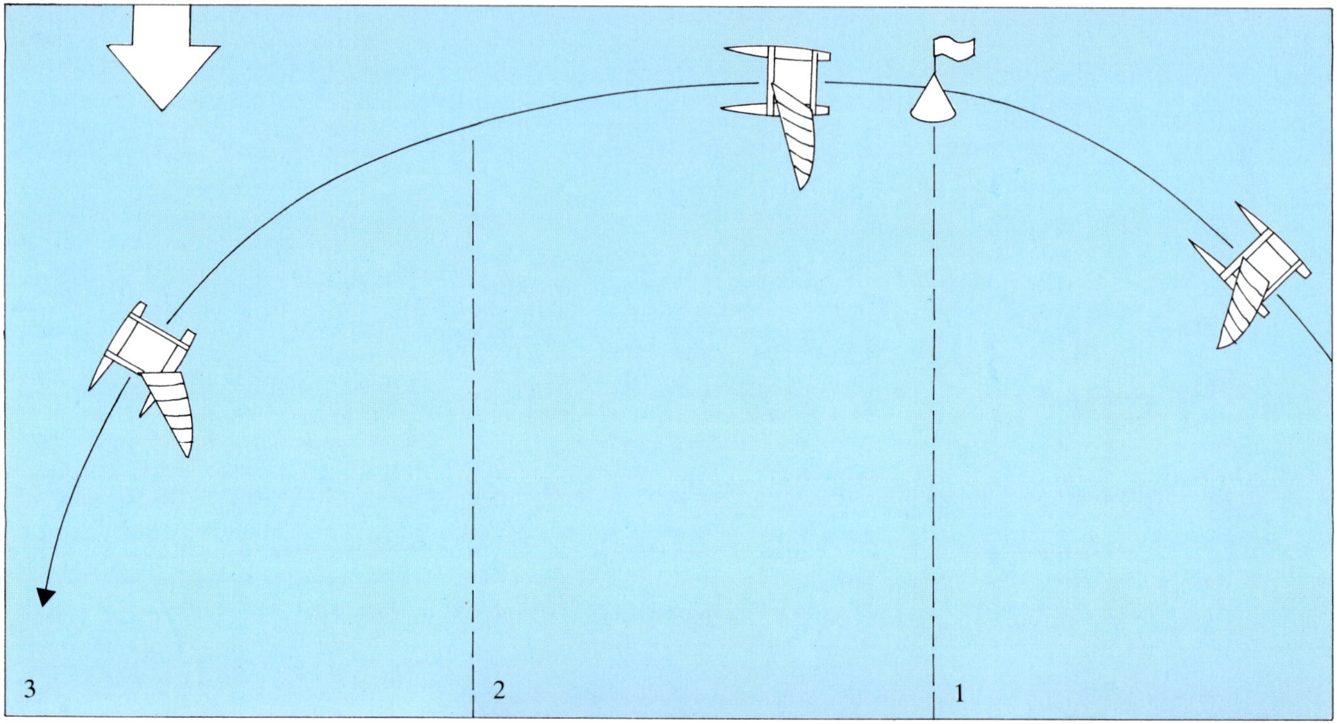

Abfallen an der Luvtonne:
1 Nach der Kreuz weich abfallen
2 Mit halbem Wind maximale Geschwin-
   digkeit holen
3 Weich abfallen und die Geschwindigkeit
   dazu nutzen, um mehr Tiefe zu laufen

Der Steuermann dieses O.K.-Katamarans
rundet die Luvtonne gefühlvoll und in wei-
tem Bogen. Im gleichen Maße, wie sich
der Winkel des scheinbaren Windes ändert,
werden Großschot und Traveller aufgefiert.
Die Kunst besteht nun darin, die so ge-
wonnene höhere Geschwindigkeit möglichst
weit mit auf die Vorwindkreuz zu nehmen

windkreuz. Sollten Sie bei der klassischen Kreuz die falsche Seite gewählt haben, denken Sie daran, daß Sie für die Vorwindkreuz die andere Seite nehmen.

Sie haben also Ihre Entscheidung für die bevorzugte Seite gefällt und fallen an der Luvmarke weich ab, um Geschwindigkeit zu holen (Zeichnung links). An der Tonne sofort stark abzufallen und nach Lee zu segeln, bringt nichts; die Fahrt dagegen, die Sie auf der kurzen Raumschotsstrecke bei langsamem Abfallen bekommen, können Sie bei geschicktem Ausnutzen einige Zeit halten.

Ab jetzt sollten Rudermanöver mit minimalem Ruderausschlag gefahren werden, um einen Abriß der Strömung an Segeln und Ruderblättern zu vermeiden (siehe Fotos).

Wenn man bei einem Katamaran beim Abfallen zu hart Ruder legt und dabei auch noch vergißt, die Großschot aufzufieren, reißt die Strömung am Ruderblatt ab. Dieser Wing fällt – von der Kreuzstrecke kommend – bereits vor der Luvtonne etwas ab und legt dann bei hoher Fahrt direkt an der Tonne hart Ruder . . .

. . . mit dem Ergebnis eines stark verwirbelnden, quergestellten Ruderblattes ohne jede Steuerwirkung – und eines eindrucksvollen Wasserspiels am Heck

Fallen Sie weich ab, bis der scheinbare Wind mit etwa 90 Grad einfällt. Dabei richten Sie sich natürlich nach den Spionfäden an der Hahnepot, nicht etwa nach dem Verklicker, sonst verlieren Sie die Übersicht über die Strecke − und Sie kriegen ein steifes Genick.

Wichtig ist auch die Beobachtung des Kurswinkels zur Leetonne. Macht er mehr als 45 Grad aus, liegen Sie auf der falschen Seite und sollten halsen. Ist er kleiner, segeln Sie so lange auf diesem Bug weiter, bis er über die 45-Grad-Marke anwächst.

> Der ganze Trick auf der Vorwindkreuz liegt darin, Geschwindigkeitsänderungen sofort zu spüren!

Kommt der scheinbare Wind achterlicher als 90 Grad ein, werden Sie eine Verlangsamung spüren. Luven Sie dann beherzt, aber mit kleinstmöglichem Ruderausschlag so weit an, bis der Kat wieder beschleunigt (1−3 in der Zeichnung), und fallen Sie danach ganz, ganz langsam ab, und versuchen Sie, die Geschwindigkeit zu halten. Dieses Manöver, so weit als möglich abzufallen, ohne dabei an Geschwindigkeit zu verlieren, ist der Kern- und Angelpunkt einer perfekt gefahrenen Vorwindkreuz.

Die ideale Vorwindkreuz besteht also darin, den Katamaran möglichst weit in einem Tiefenbogen zu segeln, ohne daß dabei die Luftströmung an den Segeln abreißt (4−6 in der Zeichnung).

Ist man zu tief gelaufen, und der Kat verlangsamt sich deutlich, hilft nur noch schnelles Anluven. Dies ist jedoch als Notlösung anzusehen, der Regelfall sollten leichte Kursänderungen sein.

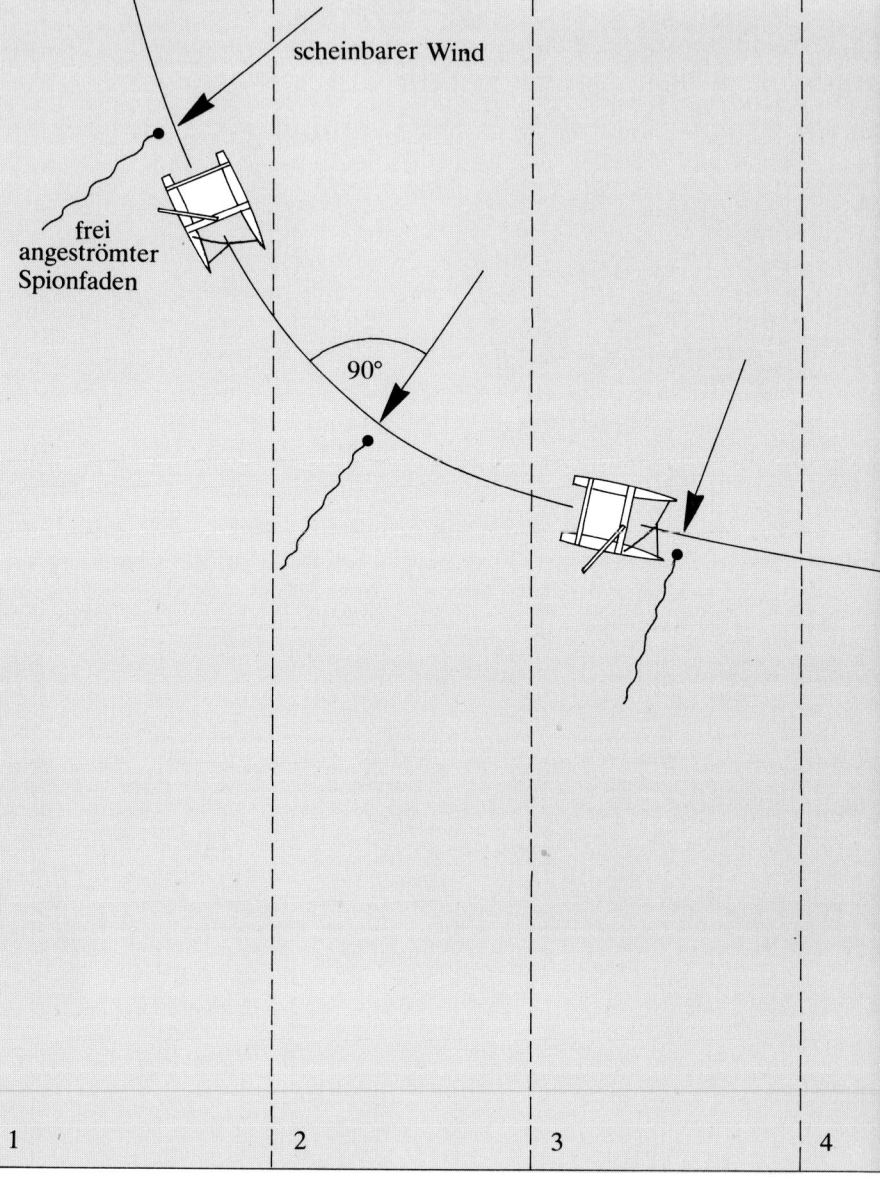

scheinbarer Wind

frei angeströmter Spionfaden

90°

1   2   3   4

> Ruderausschläge langsam ausführen und so gering wie möglich halten; nie ruckartig abfallen, nur im Extremfall schnell luven.

Wie „holt" man denn nun eigentlich Geschwindigkeit? Das ist gar nicht so schwierig: Luven Sie an, bis der Wind etwas vorlicher als 90 Grad einfällt. Der Kat wird jetzt deutlich spürbar beschleunigen und der

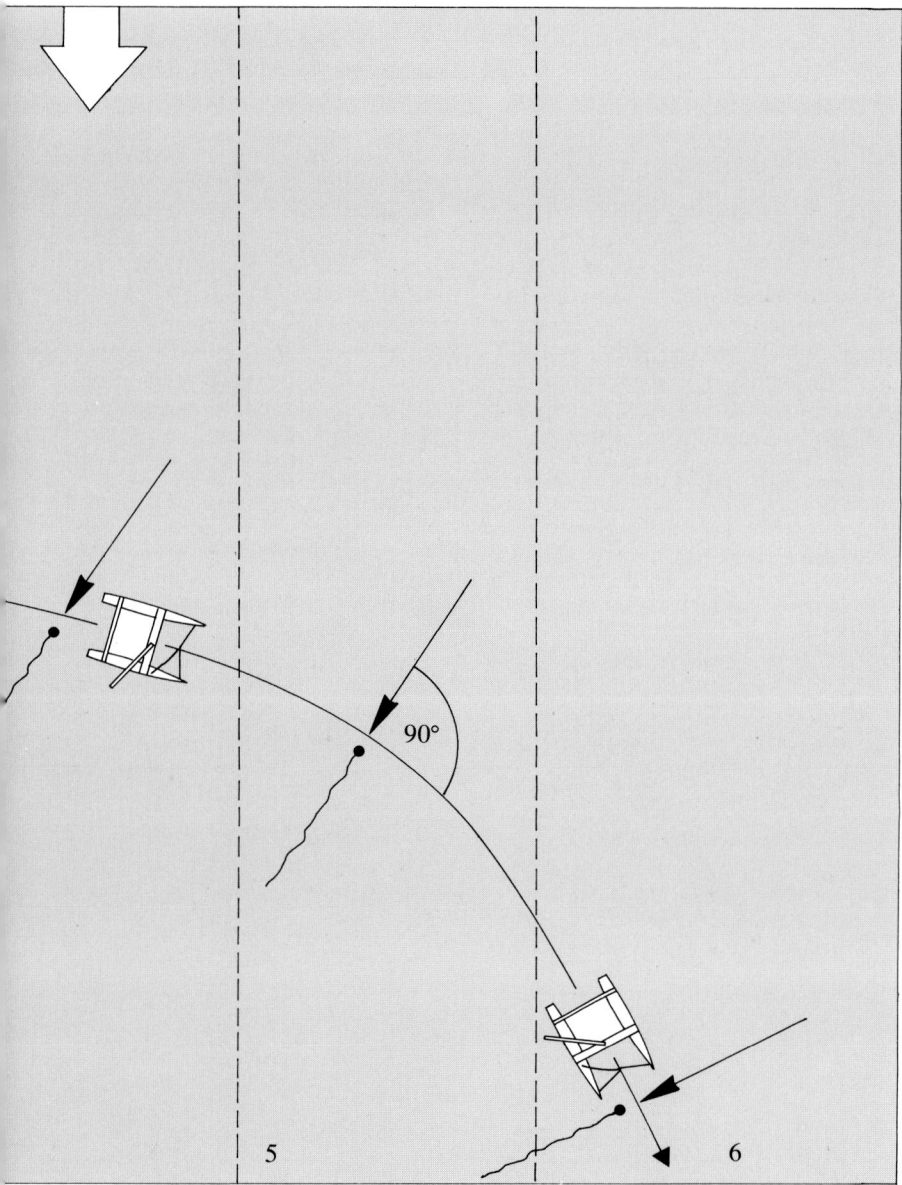

Beschleunigungsbogen:
1. – Boot wird langsamer, läuft zu tief, Strömung löst sich ab
   – Scheinbarer Wind fällt achterlicher als querab ein
   – Spionfaden wandert nach vorne aus
2. – Boot luvt an und beschleunigt wieder, Strömung legt sich wieder an
   – Scheinbarer Wind wandert über querab nach vorne
   – Spionfaden wandert über querab nach achtern
3. – Boot hat wieder volle Geschwindigkeit, Strömung liegt voll an
   – Scheinbarer Wind kommt wenige Grad vorlicher als querab ein
   – Spionfaden weht etwas achterlicher als querab aus

Tiefenbogen:
4. – Boot hat volle Geschwindigkeit, Strömung liegt voll an
   – Scheinbarer Wind kommt wenige Grad vorlicher als querab ein
   – Spionfaden weht etwas achterlicher als querab aus
5. – Boot fällt bei gleichbleibender Geschwindigkeit weich ab, Strömung liegt voll an
   – Scheinbarer Wind bleibt zwischen leicht vorlich und querab
   – Spionfaden bleibt zwischen leicht achterlich und querab
6. – Boot ohne Geschwindigkeitsverlust mit anliegender Strömung so tief wie möglich steuern
   – Scheinbarer Wind pendelt zwischen leicht vorlich und querab
   – Spionfaden pendelt zwischen leicht achterlich und querab

Wenn der Spionfaden wieder nach vorne auswandert, sofort anluven und Beschleunigungsbogen fahren usw.

scheinbare Wind daher noch weiter vorlich einkommen. Dem wirken Sie entgegen, indem Sie in einem weichen Bogen abfallen, wobei Sie aufmerksam die Spionfäden an der Hahnepot und die Strömungsfäden beobachten. Je weiter Sie abfallen, desto konzentrierter müssen Sie segeln, und wenn der Wind anfängt, achterlicher als etwa 90 Grad einzufallen, müssen Sie sofort gegensteuern und versuchen, durch Anluven die Geschwindigkeit zu halten. Der Idealfall ist erreicht, wenn Sie den scheinbaren Wind immer etwa querab einfallend halten können.

Achten Sie auch besonders auf Böen. Rechtzeitiges Erkennen und Ausnutzen von Böenstrichen kann Ihnen in einer Wettfahrt in Minutenschnelle einen beachtlichen Vorsprung vor den Konkurrenten bringen, denn jede Bö hat einen Tiefengewinn zur Folge.

Durch die höhere Windgeschwindigkeit in der Bö fällt der scheinbare Wind vorlicher ein und bietet Ihnen damit die Möglichkeit, noch weiter abzufallen und zu einem neuen Tiefenbogen anzusetzen.

Neben den Spion- und den Strömungsfäden gibt es noch ein sehr wichtiges „Instrument" für die Vorwindkreuz: das Sitzfleisch des Steuermannes. Denn wenn Sie diesen Körperteil auf Änderungen der Bootsgeschwindigkeit trainieren, signalisiert er sie Ihnen oft früher als die Strömungsfäden.

> Die Vorwindkreuz ist eine Sache des Gefühls. Selbst für Naturtalente gilt hier: Perfektion ist nur durch viel, viel Training zu erreichen.

Reisender in Sachen Anstellwinkel: der Traveller

Mit zunehmender Windstärke wird ein weiteres Gerät zum Trimmen des Kats immer wichtiger: der Traveller.

Seine Hauptfunktion ist die, das Segelprofil ohne Verwindung in einen anderen Anstellwinkel zum Wind zu bringen. Ideal löst diese Aufgabe derjenige Traveller, der mit seiner Schiene einen Halbkreis um den Drehpunkt des Mastes beschreibt (Foto unten). Diese Anbringung ist auf den C-Kats allgemein üblich, bei den A- und B-Kats konnte sie sich aber auf Dauer nicht durchsetzen, da sie erstens technisch aufwendiger und zweitens auch noch verletzungsträchtig ist.

Als Grundregel für die Travellereinstellung gilt, daß der Schlitten so weit in Lee gefahren wird, daß beim entsprechenden Kurs und dichter Schot das Boot durch Ruderlegen nach Luv oder Lee mit gerade ausgehobenem Luvrumpf in der Balance gefahren werden kann. Denn nur ein gleichmäßiges, möglichst senkrecht zur Wasseroberfläche stehendes Segelprofil entwickelt die größt-

Halbkreisförmige Travellerschienen erlauben es, das Segel über einen großen Winkelbereich ohne Twist einzustellen. Das ist jedoch ein relativ hoher konstruktiver Aufwand, der normalerweise nur bei extremen Rennkatamaranen wie dem C-Kat getrieben wird. So wie hier auf einem O.K.-Kat ist das schon eher die Ausnahme − oder die Zukunft?

Konzentration ist alles, wenn es in einer Regatta eng wird. Diese Nacra-Crew hat nur noch Augen für die Konkurrenz

Der Wind muß am Achterliek frei abströmen können und darf an dieser für die Bootsgeschwindigkeit wichtigen Stelle auf keinen Fall „vergewaltigt" werden. Schon kleinste Änderungen der Großschotführung bewirken große Änderungen im Segel. Im Bild links ist das Segel zu dicht geschotet und macht am Achterliek zu. Im Bild Mitte ist die Einstellung des Segels optimal, während es im Bild rechts zu offen gefahren und damit Vortrieb verschenkt wird

mögliche Vortriebskraft.

Der Nutzen dieser Trimmeinrichtung hat sich noch immer nicht überall herumgesprochen, während es kaum noch Kats gibt, die diese Hilfe nicht serienmäßig aufweisen. Daher unser Hinweis, über den erfahrene Katamaransegler wahrscheinlich lachen werden: Hat Ihr Kat einen Traveller, benutzen Sie ihn auch!

Wenn man bedenkt, wie wichtig der Traveller für den Trimm des Bootes ist, so ist es unverständlich, daß viele Kat-Neulinge nicht damit umzugehen vermögen und daher den Schlitten nur in einer Position stehenlassen. Dabei ist das Ganze denkbar einfach:

● Je raumer der Wind einfällt, desto weiter wandert der Traveller nach außen.

● Solange der Baum noch über der Travellerschiene steht, soll die Großschot dichtgeholt sein.

● Wenn der Luvrumpf zu sehr steigt, muß der Traveller weiter nach außen.

● Hat man das Gefühl, daß zu wenig Druck aus dem Segel auf den Kat kommt, wird ebenfalls zuerst der Traveller dichtgesetzt.

● Je mehr es hackt, desto weiter außen wird der Traveller gefahren, auch an der Kreuz!

Manöver bei Mittelwind

„Der Steuermann ist an allem schuld", könnte man bei einem vermurksten Manöver bei Mittelwind sagen. Tatsächlich müßte bei diesen Windverhältnissen jedes Manöver klappen. Wie bei Leichtwind soll auch bei mittlerem Wind die Wende allein aus dem Kurs hoch am Wind angesetzt werden (siehe Fotos); sie ist dann eigentlich nur durch zu schnelles Ruderlegen zu versauen. Je nach Revier kann bei vier Beaufort bereits etwas Welle stehen; dann erleichtert man sich die Wende, indem man sie so anlegt, daß das Boot während der stärksten Drehung mit den Schwertern nach Möglichkeit gerade auf der Welle sitzt.

3

4

Der Ausleger wird aus dem Wasser gefischt und die neue Sitzposition eingenommen; der Vorschoter hängt sich in das Trapezgeschirr. Während der Steuermann die Großschot gefühlvoll dichtnimmt, schwingt der Vorschoter im Trapez nach außen

2

Steuermann und Vorschoter wechseln auf die neue Luvseite über. Schlagen die Segel über, wird sofort die Fockschot dichtgenommen und die Großschot aufgefiert. Das Boot soll über den neuen Kreuzkurs hinaus durch den Wind drehen. Durch ruckartiges Heranziehen des Großbaums oder wie hier des Großschotbündels schlagen die Latten um

1

Dann ergreift der Steuermann die Spurstange und legt weich Ruder, um mit zunehmendem Rudereinschlag in einem Bogen durch den Wind zu drehen

Die Wende mit einem Zweimannkatamaran, hier mit einem Dart: Der im Trapez hängende Vorschoter verholt sich aufs Trampolin und löst die Fockschot aus der Klemme; der Steuermann macht dasselbe mit der Großschot und wirft den Ausleger nach achtern ins Wasser

Auch die Halse ist bei diesen Windverhältnissen noch völlig problemlos (siehe Fotos). Wer dennoch ein schwummriges Gefühl haben sollte, kann sie selbst schon bei vier Windstärken mit einem Tiefenbogen wie bei der Vorwindkreuz einleiten. Sobald die Geschwindigkeit deutlich geringer wird, legt der Skipper das Ruder nach Lee.

Mit der freien Hand greift er dann in die Schottalje und zieht das Segel daran auf den neuen Bug. Den Ruck, der beim Übergehen des Großsegels entsteht, sollte man mit der Hand noch ein wenig dämpfen. Die Großschot wird danach nicht sofort wieder dichtergenommen. Das Dichtnehmen der Großschot vor der Halse wie bei der traditionellen Yacht ist nicht nur unnötig, sondern schadet beim Kat nur, weil dadurch

Zeit verlorengeht und die Halse nicht mehr bei größtmöglicher Geschwindigkeit (und damit automatisch bei schwächerem scheinbarem Wind) abläuft.

Vor der Halse überprüfen, ob Schot und Traveller frei sind, um ohne „Verwicklungen" überzugehen!

5 *. . . und nimmt mit der anderen Hand das Großschotbündel, um es in dem Moment, in dem das Boot durch den Wind dreht, mit einem kräftigen Zug zusammen mit dem Traveller auf die neue Seite zu bringen. Das harte Anschlagen des Travellers an den Stopper und der Latten an die Want muß, vor allem bei viel Wind, unbedingt mit dem Schotenbündel abgefedert werden, sonst kann es Bruch geben*

7 *. . . und begibt sich zum Hauptholm nach vorn in die neue Position für die Vorwindstrecke*

6 *Nun luvt der Steuermann an, bis die Fäden wieder anliegen . . .*

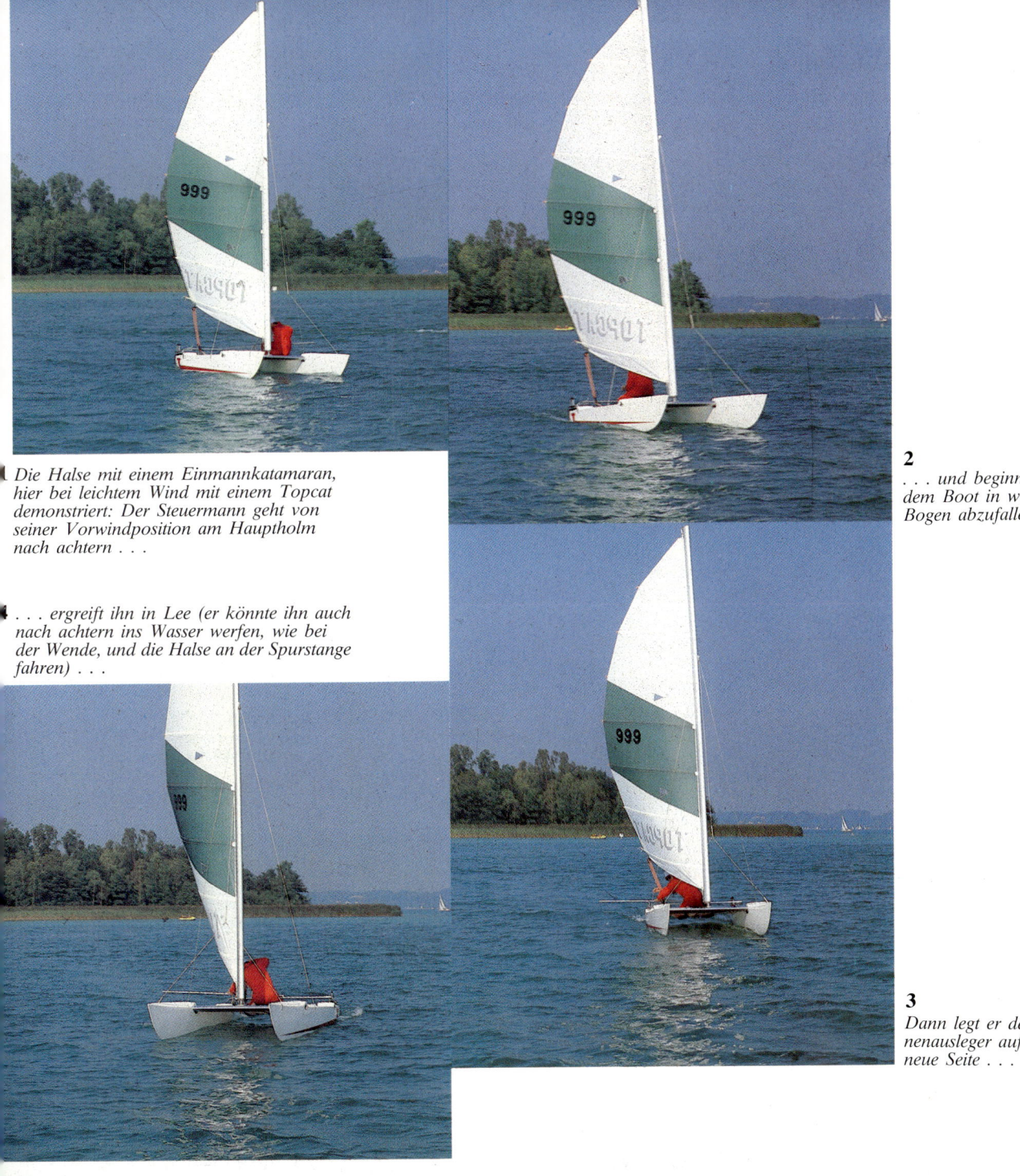

Die Halse mit einem Einmannkatamaran, hier bei leichtem Wind mit einem Topcat demonstriert: Der Steuermann geht von seiner Vorwindposition am Hauptholm nach achtern . . .

. . . ergreift ihn in Lee (er könnte ihn auch nach achtern ins Wasser werfen, wie bei der Wende, und die Halse an der Spurstange fahren) . . .

2
. . . und beginnt mit dem Boot in weichem Bogen abzufallen

3
Dann legt er den Pinnenausleger auf die neue Seite . . .

Wenn's bläst, daß sich die Bäume biegen . . .

. . . dann macht Katamaransegeln immer noch jede Menge Spaß, ja, für viele fängt der Spaß erst bei fünf bis sechs Beaufort richtig an.

Aber gemach! Starkwindsegeln mit Kats ist, wie auch bei Jollen, Übungssache – und niemand sollte mit dem Üben bei sechs Windstärken anfangen. Bootsbeherrschung entsteht aus dem Training und aus der Vertrautheit mit dem Schiff heraus. Deshalb empfiehlt es sich, die nächste Windstärke nach oben erst dann in Angriff zu nehmen, wenn man den Kat bei weniger Wind schon sicher im Griff hat.

Wichtig für das Starkwindsegeln ist – in weit stärkerem Maße als bei leichtem Wind – die innere Einstellung. Wer vor Angst oder Unsicherheit verkrampft auf seinem Kat sitzt, wird kaum in der Lage sein, die Situation richtig einzuschätzen, und demzufolge Fehler machen, die die Fahrt zum Fiasko werden lassen.

> Segeln Sie nie bei Starkwind hinaus, nur um nicht als feige zu gelten!

Auf der Kreuz

Der Gewichtstrimm bei starkem Wind wird sich nicht nur nach dem Wind, sondern auch nach der Welle richten müssen. Auf dem Kurs gegenan gilt dabei, daß das Schiff so weit wie möglich nach vorne, aber auch so weit wie nötig nach achtern getrimmt wird, wobei im Zweifelsfalle lieber etwas mehr Gewicht auf die Hecks kommen darf als auf die Buge. Das Leedeck muß von massivem Wasser freibleiben!

Die Sitzposition des Steuermanns wird daher etwa in der Mitte zwischen Püttingeisen und achterem Holm sein, der Vorschoter steht im Trapez knapp vor ihm. Wenn die Welle nicht zu kurz ist, sollen beide versuchen, durch Pendelbewegungen vor der Welle die Bugspitzen zu entlasten, danach aber wieder die Vorsteven im Wasser zu halten, damit der Kat nicht leegierig werden kann. So wie der Steuermann seine Füße sicher unter den Reitgurten haben muß, so sollte der Vorschoter sicheren Stand an der Deckskante haben. Hilfen sind dabei aufgerauhte Standbereiche oder, noch besser, Fußschlaufen, die verhindern, daß der Schotte den Kontakt mit dem Boot verliert. Der Mann im Trapez darf nicht mit durchgedrückten Knien stehen, da er sonst die Bewegungen des Kats in der Welle nicht mehr abfedern kann. Seine mehr oder minder ausgeprägte Grätsche, die ebenfalls für sicheren Stand sorgt, richtet sich nach dem Können des Steuermanns.

Auch dies sei hier einmal ganz deutlich gesagt: „Fliegende" Schotten sind immer die Schuld des Steuermanns, der eine Welle falsch genommen, eine Bö zu spät gesehen oder eine Kursänderung zu ruckartig vorgenommen hat.

Bei der Mastdrehung schadet es nach neuesten aerodynamischen Erkenntnissen nicht, wenn zwischen Mast und Segel in Lee eine leichte Einbuchtung entsteht. Man kann den Mast also etwas weniger drehen, bekommt die Strömung dennoch zum Anliegen, erreicht aber gleichzeitig einen deutlich geringeren Stirnwiderstand. Als Stirnwiderstand wird der Anströmwiderstand bezeichnet, den ein Profil nun einmal aufweist. Die Diamonds sollten bei Starkwind so locker wie möglich gefahren werden. Doch Vorsicht: Sind sie zu

locker, dann kann das den Mast kosten!

Es gilt also, sich durch millimeterweises Lockern der Diamonds an den „point of no return" heranzutasten. Dieser ist dann erreicht, wenn der Mast anfängt, sich bei Böen S-förmig zu biegen. Stellen Sie bei Ihrem Mast solch eine Tendenz fest, dann sollten Sie – egal ob dies verboten ist oder nicht – das Rigg entlasten und beide Diamonds nachspannen. Bei einer *Tornado*-Regatta kann Ihnen dies zwar eine Disqualifikation einbringen – aber der Mast bleibt heil.

Der Fockholepunkt wird, wenn er verstellbar ist, außen gefahren, das Vorliek der Fock so hart wie möglich durchgesetzt. Dadurch bleibt das Segel flach, und die Strömung kann am Achterliek auch wieder hinaus. Das Vorliek des Großsegels wird so locker durchgesetzt, daß gerade keine Querfalten mehr im Segel sind; das Unterliek wird durch den Ausholer bis zum Anschlag gestreckt. Für das Achterliek gilt Offenheit als Gebot der Stunde.

Mit zunehmendem Wind wandert der Traveller weiter nach Lee: An der Kreuz wird er etwa drei Handbreit in Lee gefahren werden, notfalls auch ruhig noch weiter außen – wenn es hämmert, kann er ohne weiteres bis zur halben Schienenbreite nach Lee gesetzt werden.

Die Schoten werden bei diesen Bedingungen aus der Hand gefahren (Handschuhe!), und zwar auch die Fockschoten. Muß bei einer Bö von etwa sechs Beaufort oder mehr gefiert werden, ist es unerläßlich, daß auch die Fockschot gefiert wird. Wird nämlich nur das Großsegel aufgemacht, dreht der Überdruck der Fock den Mast schlagartig nach Luv. Diesen Umschlag verkraftet auch der beste Mast nicht.

Die Ursache dieser für manche

Katamarantypen nahezu klassischen Mastbrüche liegt in der Statik des Riggs. Zusammen mit den Diamonds verhindert das Vorliek des Großsegels, daß der Mast sich zu weit biegt. Fiert man nun die Großschot so weit auf, daß das Großsegel drucklos am Mast hängt, entfällt die Stützung des Mastes durch das Vorliek. Da gleichzeitig jedoch aus der immer noch korrekt geschoteten Fock das Groß an der Vorderkante mit enormem Druck angeströmt wird, dreht dieser Überdruck den Mast nach Luv (siehe Fotos). Seine Stützung durch die Diamonds allein reicht bei einer derartigen Belastung nicht mehr aus, das Ergebnis ist „Spargelessen".
Der gleiche Effekt tritt auch bei Einrumpfyachten auf, wo man ihn an dem starken Gegenbauch im Groß jedoch rechtzeitig erkennen kann.
Beim Lattensegel des Katamarans dagegen ist das nicht immer möglich, zumal ja „nur in einer Bö mal schnell gefiert" wurde.

Schwerter und Ruder werden in der tiefsten Position gefahren. Bevor Sie bei Starkwind mit dem Kat hinaussegeln, sollten Sie unbedingt noch einmal die Niederhalter-Systeme überprüfen, denn wenn der große Druck, der bei Hack an den Blättern entsteht, die Arretierung überwindet, wird Bruch nahezu unvermeidlich sein.
Selbst wenn das Ruderblatt halten sollte, wird es kritisch, denn der Ruderdruck wird blitzartig so groß, daß Sie die Beherrschung über das Boot völlig verlieren werden.
Können Sie bei Ihrem Kat die Auflaufsicherung in der Härte verändern, dann stellen Sie diese bei Starkwind so streng wie möglich ein, um unfreiwilliges Auslösen zu verhindern.

Mit halbem Wind

Beim Halbwindsegeln bei Starkwind muß das Mannschaftsgewicht so weit nach achtern gebracht werden wie irgend möglich. Wichtig ist dabei auch, daß sich Trapezmann *und* Steuermann gegen das Nachvornerutschen sichern. Der Trapezmann sollte sich nicht allein mit den Fußschlaufen begnügen, sondern sich auch noch in das Hecktrapez einhängen. Dem Schotten, der sich in seiner Verzweiflung aus dem Trapez heraus am Steuermann festhält, gebührt die rote Karte, da dies unweigerlich zur Kenterung über Leebug führt.
Auch ein Steuermann, der meint, sich an der Pinne festklammern zu können, ist nicht gut beraten. Bewährt haben sich aufgerauhte Sitzbereiche auf dem Achterdeck. Ideal sind aufgeklebte Noppenmatten – die natürlich dann sowohl auf dem Deck als auch auf der Hose des Skippers angebracht sein müssen.
Auf diesem Kurs hat sich für den Steuermann eine Grätschposition bewährt (Foto S. 98), wobei er den achtern befindlichen Fuß unter den Reitgurt steckt, den vorlicheren hinter die Want stemmt.

Vor allem raumschots bei ruppiger Welle hat sich für den Steuermann eines Katamarans die Sitzgrätsche bewährt. Der eine Fuß steckt unter dem Reitgurt (darunter kann man die überschüssige Großschot stauen), der andere stützt den Steuermann nach vorne ab, damit er beim Eintauchen des Leebugs in die Welle nicht nach vorne fliegt

Der Anstellwinkel des Mastes kann so bleiben wie auf der Kreuz; wenn die Crew es verträgt, kann sie ihn aber auch bis zum Anschlag drehen und so maximales Profil einstellen. Die Diamonds bleiben in der Einstellung, die auch für die Starkwindkreuz gilt. Das Vorliek der Fock wird lose, aber faltenfrei eingestellt, das des Großsegels mit mittlerer bis lockerer Spannung; das Unterliek bekommt etwa 20 Prozent Wölbung. Die Schoten werden nach wie vor aus der Hand gefahren, um bei Böen schnell den überschüssigen Druck aus beiden (!) Segeln lassen zu können. Heben und Senken des Luvrumpfes werden über die Schot gesteuert; der Traveller wird, je nach Kurs, mittig bis außen gefahren. Auch auf Halbwindkurs gilt es, Großschot *und* Fockschot zu fieren, will man nicht das Risiko eines Mastbruches eingehen.

Oft überschätzt werden die Gefahr des Unterschneidens des Leerumpfes und die Möglichkeit des anschließenden „Saltos mit halber Schraube". Dabei ist diese Gefahr bei modernen Konstruktionen durchaus nicht so groß, wie viele, auch erfahrene, Katamaransegler meinen. Man kann Kats sehr wohl exakt auf der Grenze fahren.

Dies sollte einer aufmerksamen

Die beste Methode, Unterschneiden zu vermeiden, ist es, den Luvrumpf tief zu halten.

Mannschaft ohne große Anstrengung gelingen, zumindest, solange sie die Schoten aus der Hand fährt. Zunächst sollte man unbedingt die Fock fieren, dann erst das Großsegel. Durch Fieren der Fock werden Druck und Sog auf den Bug verringert. Zudem stört eine killende Fock die Luftströmung an der Leeseite des Großsegels so stark, daß es weniger wirksam ist. Erst wenn noch immer zuviel Druck auf dem Leebug bleibt, macht man auch das Großsegel weiter auf.

Das Steigen des Luvrumpfes hat neben dem unerwünschten Druck auf den Leerumpf noch eine weitere, unangenehme Nebenwirkung: Der freischwebende Rumpf und das nun von unten angeströmte Trampolin stellen eine beachtliche Windangriffsfläche dar, die zu Kenterung oder Unterschneiden maßgeblich beiträgt.

Die Ruder bleiben auch auf diesem Kurs ganz abgesenkt; die Stellung der Schwerter richtet sich nach dem Trimm des Kats. Dabei wird sich eine Einstellung zwischen halb abgesenkt und – vor allem für das Leeschwert – ganz oben ergeben. Ein voll aufgeholtes Leeschwert verhindert beim Steigen des Kats ein Festgraben des Leerumpfes, da er wegrutschen kann.

Der Kurs wird von Windrichtung,

Böen und Welle diktiert. Auch wenn man das Ziel normalerweise direkt anliegen kann, wird man dennoch einen Schlangenkurs fahren.

In Böen etwa empfiehlt es sich, etwas tiefer zu laufen, dafür aber mehr Fahrt ins Boot zu bekommen. Läßt der Wind nach, steuert man wieder höher, um die Geschwindigkeit zu halten und auf den kürzesten Weg zurückzukommen.

Auch die Welle kann nicht stur gerade angefahren werden, ohne Fahrtverlust in Kauf nehmen zu müssen. Um das zu vermeiden, luvt man vor der Welle leicht an, fällt auf der Welle ab und läßt sich tragen.

Vor dem Wind

Erstes Gebot auf diesem Kurs: Alles Gewicht nach achtern! Jedes Gramm, das jetzt zu weit vorne ist, erhöht das Risiko. Der Steuermann wird also etwa auf dem achteren Holm sitzen, der Vorschoter direkt vor ihm. Beide können durch Neigen des Körpers nach hinten oder vorne die Bugspitzen beim Wellensegeln auspendeln.

Das Vorliek der Fock bleibt so offen wie möglich, also wenig Spannung. Gleiches gilt für das Vorliek des Großsegels. Der Unterliek-Ausholer am Baum wird ganz nach vorne gefahren, um möglichst viel Bauch ins Segel zu bekommen.

Fährt man eine Vorwindkreuz, dann ändert man die Einstellung so, wie sie für den Halbwindkurs beschrieben wurde. Schoten und Traveller werden weit aufgefiert.

Die Schwerter werden ganz hochgenommen. Auch hier gilt es daran zu denken, daß man zumindest das Luvschwert wieder bis ungefähr auf halbe Tiefe abfiert, wenn man etwa zu einem taktischen Angriff ansetzt. Ein Vorteil starken Windes ist es, daß die Bandbreite, auf der der

ideale Kurs für eine Vorwindkreuz liegt, mit zunehmender Windstärke größer wird. Schließlich fährt man die Schoten sowieso freier, als es korrekt wäre, und durch gelegentliches Dichternehmen kann man ausprobieren, ob noch mehr Geschwindigkeit drin ist.

Wenn es so hackt, daß die Vorwindstrecke zum Überlebenskampf wird, dann sollte ein vorsichtiger Steuermann auf die Vorwindkreuz verzichten und lieber platt vorm Laken nach Lee segeln. Die bei der Vorwindkreuz am Segel anliegende Luftströmung bringt so viel Kraft auf das Rigg, daß man dabei eher unterschneidet als beim Ablaufen direkt vor dem Wind, bei dem noch dazu beide Buge gleich stark tragen.

Katamarane, bei denen das Großsegel gereeft werden kann, sind bedauerlicherweise selten geworden. Hat Ihr Segel eine Reffeinrichtung, dann empfehlen wir Ihnen, das Reff schon vor der Leetonne einzubinden, damit Sie nach dem Anluven sofort voll auf den optimalen Kurs gehen können, anstatt erst einmal reffen zu müssen.

Und noch mal Gefühl: die Welle

Auch für die Welle brauchen Sie in erster Linie viel Gefühl. Die Engländer haben einen sehr schönen Spruch dafür auf Lager: „Be kind to the waves and the waves will be kind to you." Wer also zu den Wellen freundlich ist, wird von ihnen auch gut behandelt. Kürzer und umfassender läßt sich die Kunst des Wellesegelns kaum zusammenfassen.

Als allgemeine Regeln gelten:

● Je mehr Welle, desto weniger Höhe am Wind ist sinnvoll.
● Katamarane drehen auf der Welle besser als im Wellental.

● Jede Welle hat ihren eigenen Rhythmus, den man herausfinden und dem man sich anpassen muß.
● Je länger die Welle ist, desto geringer sollten die Ruderausschläge sein.
● Wer durch die Wellen „durchbolzt", wird stets Geschwindigkeit verlieren.

Der ideale Kurs durch die Wellen wird also immer eine Schlangenlinie ergeben, die je nach Wellenhöhe und Wellenlänge schwächer oder stärker ausgeprägt sein wird (Zeichnung S. 100).

> Der stärkere Teil der Wind/Welle-Kombination bestimmt in der Regel den Kurs: Überwiegt die Welle, wird die Linie kurviger; überwiegt der Wind, wird die Linie gerader.

Von besonderer Bedeutung ist die Nutzung der Wellen auf dem Vorwindkurs: Wer hier falsch fährt, verliert im Nu Hunderte Meter gegenüber dem, der es versteht, sich die Welle zunutze zu machen.

Als wichtigste Regel gilt also, daß der Kat die Geschwindigkeit der Welle bereits erreicht haben muß, bevor er sich auf sie setzt. Dies wird durch Anluven erreicht; man fährt also einen Beschleunigungsbogen. Segelt der Katamaran dann vor der Welle bergab, wird er beschleunigen, damit den scheinbaren Wind vorlicher bekommen und so mit einem Tiefenbogen noch weiter abfallen können. Dabei wird das Gewicht nach vorne verlagert, um die Gefällseite so früh wie möglich nutzen zu können. Fährt der Kat erst bergab, so muß das Gewicht wieder nach hinten verlagert werden, da sonst die Gefahr besteht, daß sich die Bugspitzen in die nächste Welle bohren, sobald die Wellengeschwindigkeit überschritten wird.

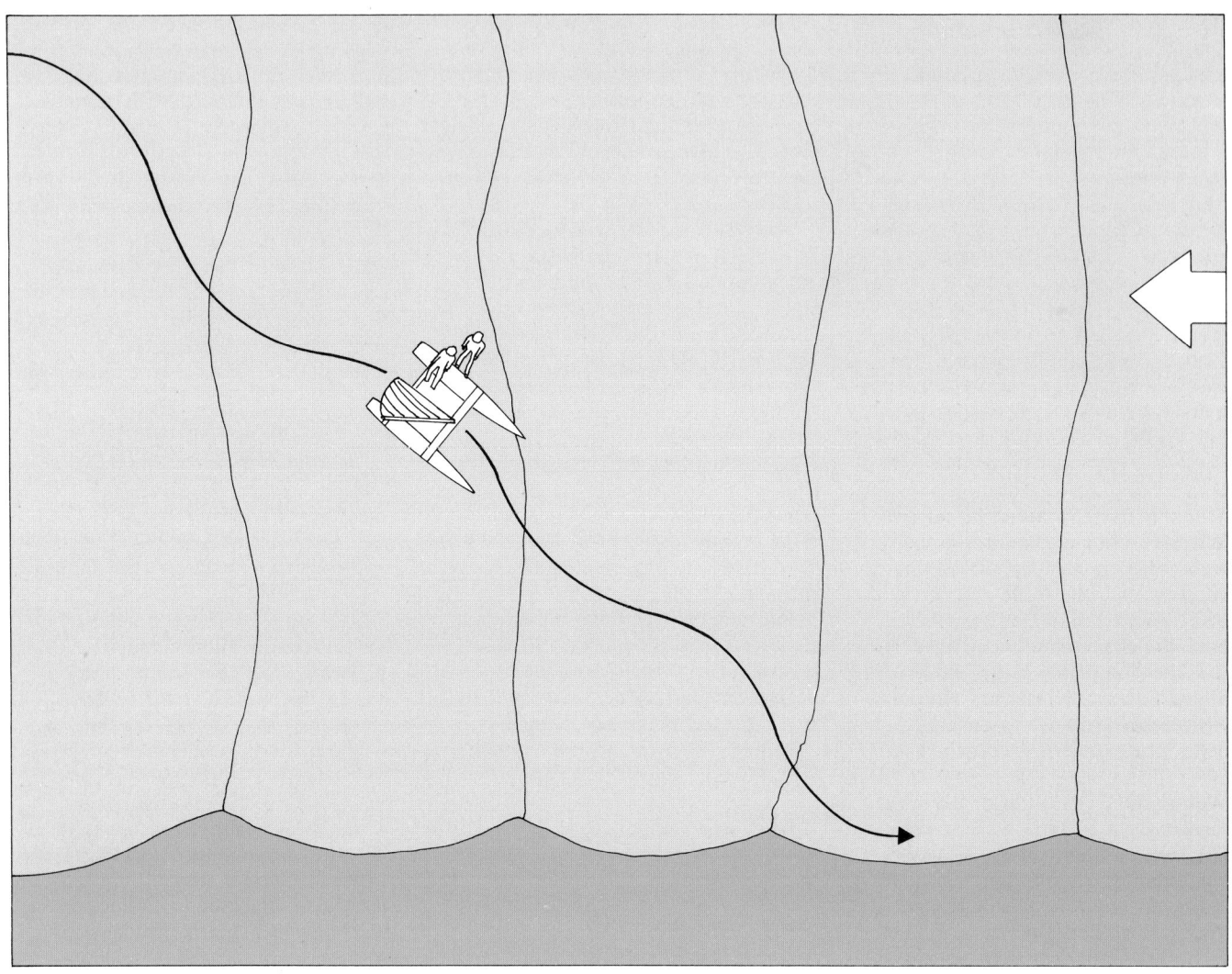

Kreuzen in der Welle:
- *Vor der Welle abfallen, auf und hinter der Welle anluven*
- *Weich und unverkrampft steuern, dann macht's auch Spaß!*
- *Im Zweifelsfall immer mehr auf Geschwindigkeit fahren als auf Höhe*
- *Keine Welle gleicht der anderen – jede Welle muß individuell gefahren werden*

Die Beschleunigung, die der Kat beim Bergabfahren erhält, muß durch weiche Ruderbewegungen in Tiefe nach Lee umgesetzt werden, wobei der Beobachtung der Strömungsfäden wieder große Bedeutung zukommt. Ist die Welle lang genug, dann wird sich auf ihrem Rücken ein von der Wellengeschwindigkeit diktierter Schlangenkurs ergeben, will man sie lange nutzen.

Bei idealen Bedingungen kann man sogar beim Abwärtsfahren auf dem Wellenrücken so viel Geschwindigkeit holen, daß man genug Überschuß bekommt, um den nächsten Wellenberg zu überwinden. Dies läßt sich erreichen durch einen Tiefenbogen über das gesamte Wellental hinweg. Hat man sich aber verschätzt, dann beginnt das Spiel mit den Wellen ganz von vorne.

Manöver bei Starkwind

Zum Erfolg von Starkwindmanövern tragen im wesentlichen Aufmerksamkeit und Konzentration bei. Sie müssen nicht nur der Geschwindigkeit des Bootes, sondern vor allem auch Wind und Welle gelten.

Wenden werden um so höher am Wind angesetzt, je stärker es bläst, weil sich dadurch der Wendewinkel verkleinern läßt. Stellen Sie also vor der eigentlichen Wende fest, wie hoch Sie noch ziehen können, ohne daß der Kat zu langsam wird. Achten Sie auch auf Böen: Sehen Sie eine Bö anmarschieren, fahren Sie sie voll aus, ziehen aber schon hoch, noch ehe sie Sie passiert hat. So fällt Ihre Wende mit dem Ende der Bö zusammen.

Ebenfalls möglich ist es, unmittelbar vor einer Bö zu wenden. Sie müssen jedoch absolut sicher sein, daß die Wende beendet und der Kat auf dem neuen Bug in Fahrt ist, wenn die Bö einfällt; deshalb ist dieses Manöver nicht so ganz einfach. Da durch die Bö der Wind raumt, kann es Ihnen passieren, daß der Kat verhungert. Dann erwischt sie ihn im

Die ideale Halsekurve:
1 Nach dem Segelumlegen
2 Beschleunigungsbogen durch Anluven
3 Tiefenbogen durch Abfallen mit der höheren Geschwindigkeit

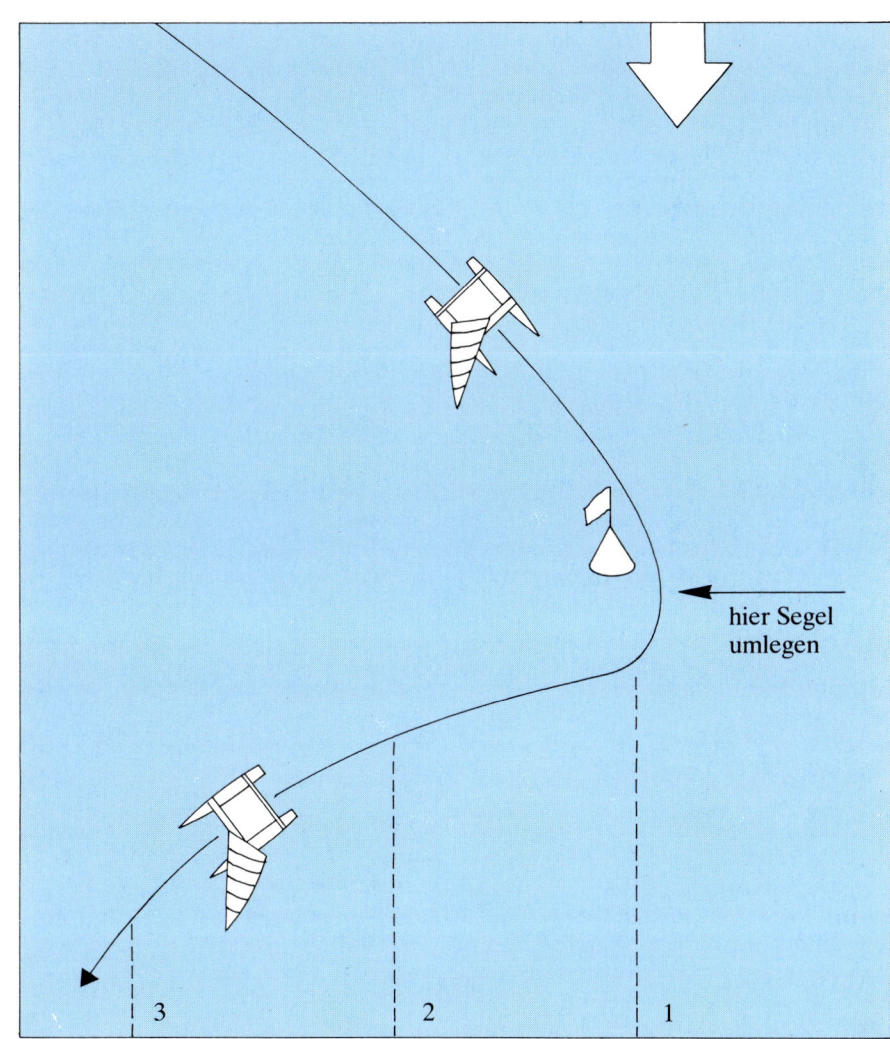

hier Segel
umlegen

3   2   1

ungünstigsten Augenblick, denn das Boot ist jetzt nur beschränkt manövrierfähig.

Das zweite Kriterium bei der Wende stellt die Welle dar. Versuchen Sie rechtzeitig, das Wellenmuster zu erkennen; halten Sie gegebenenfalls Ausschau nach Gebieten, wo möglicherweise weniger Welle steht. Dies ist der Fall etwa in der Abdeckung von Landzungen, in Wellenlee größerer Schiffe, in einer Wettfahrt selbst in Lee des Konkurrenten, der Sie gerade abdeckt. Steuern Sie die Wende so an, daß diejenige Drehung, bei der der Kat durch den Wind geht und fast keine Fahrt mehr macht, genau auf dem Wellenrücken zustande kommt. Achten Sie aber unbedingt darauf, daß das Boot nicht unkontrolliert vornüberkippt und die Ruder austauchen. Trimmen sie Ihren Kat daher so weit wie möglich hecklastig, doch mit Gefühl!

> Ein hecklastiger Katamaran, der über eine Welle hinausschießt, kann durch den unter das Trampolin fahrenden Wind über das Heck kentern.

Für die Halsen bei Starkwind gilt Geschwindigkeit als oberstes Gebot. Je größer die Fahrt, desto geringer der scheinbare Wind — eine Binsenweisheit auf Kursen vor dem Wind. Sie sollten sich das so lange vorbeten, bis es Ihnen zum Hals heraushängt, denn dann werden Sie nie wieder vor einer Halse bei Hack das Zittern kriegen.

Daß die Mannschaft so weit wie möglich achtern sitzen muß, ist schon durch den Kurs vorgegeben. Dennoch ist dies kein Allheilmittel, denn halsen Sie, wenn die Bugspitzen gerade anfangen, sich in den nächsten Wellenrücken zu bohren, sind Sie dran. Durch den schnellen Lastwechsel vom alten auf den neuen Leebug wird letzterer nämlich so stark in die Welle gedrückt, daß Ihr Kat zum Nasenbohrer wird und sich möglicherweise überschlägt.

Eine schnelle Halse ist die beste. Das Groß sollte genau dann übergehen, wenn der Kat anfängt, die Welle hinunterzureiten. Ist der Wind böig, halsen Sie immer dann, wenn die Bö gerade nachzulassen beginnt.

> Sortieren Sie vor der Halse Schoten und Travellerleinen, damit sie sich nicht verhaken können!

Ein verbreiteter Fehler ist es auch, im Scheitelpunkt der Halse ein Stück weit geradeaus zu segeln. Dies bringt gar nichts, denn das ist der langsamste Kurs, den Sie mit dem Kat fahren können. Der scheinbare Wind nimmt zu, und Sie bekommen mehr Druck ins Segel, als Ihnen lieb ist. Die ideale Halsekurve sieht aus wie eine Parabel (Zeichnung S. 101).

Da Sie ja schnell segeln wollen, brauchen Sie sich um das bei Einrumpfschiffen nötige Stützruder nach dem Übergehen des Segels nicht zu kümmern. Will man ohnehin hochziehen, um wieder einen Beschleunigungsbogen fahren zu können, ist Stützruder ein überflüssiges Manöver.

> Je stärker der Wind pfeift, desto wichtiger wird die Beherrschung des Gerätes. Manöver und Änderungen im Trimm müssen im Schlaf klappen; nur Routine und viel Übung helfen Ihnen da weiter.

Die „Überlebenshalse"

Eine Situation fürchtet jeder Katamaransegler (ist er ehrlich, gibt er dies auch zu): wenn es nämlich einen derartigen Hack hat, daß jede Kursänderung aus der Fahrt platt vorm Laken zu einer Kenterung führen muß, gleichgültig, ob der Skipper anluvt oder ob er sich zu einer Halse entschließt. Für diesen Fall hat sich die „Überlebenshalse" bewährt (Zeichnung rechts) — wenn auch nicht immer!

Dazu gehen Sie genau vor den Wind, versuchen aber, soviel Geschwindigkeit mitzunehmen wie möglich. Überprüfen Sie, ob Schoten und Travellerleinen frei sind, und fallen Sie mit weit aufgefiertem Groß und killender Fock weiter ab. In der Regel werden Sie den Kat schon auf einem Kurs von bis zu 135 Grad am (neuen) Wind haben, bevor das Segel plötzlich überkommt.

In diesem Augenblick luven Sie auf dem neuen Kurs zügig an, so daß das überschlagende Segel keinen Druck mehr bekommt.

Jetzt können Sie in Ruhe weiterluven und mit minimalem Segeldruck Ihren nächsten Schlag überlegen, oder aber Sie donnern weiter nach Lee.

Sehen Sie sich die Zeichnung genau an, damit Sie das Manöver im Schlaf beherrschen und verstehen. Es geht zwar ziemlich auf das Material, verhindert jedoch, wird es exakt gefahren, fast sicher eine Kenterung.

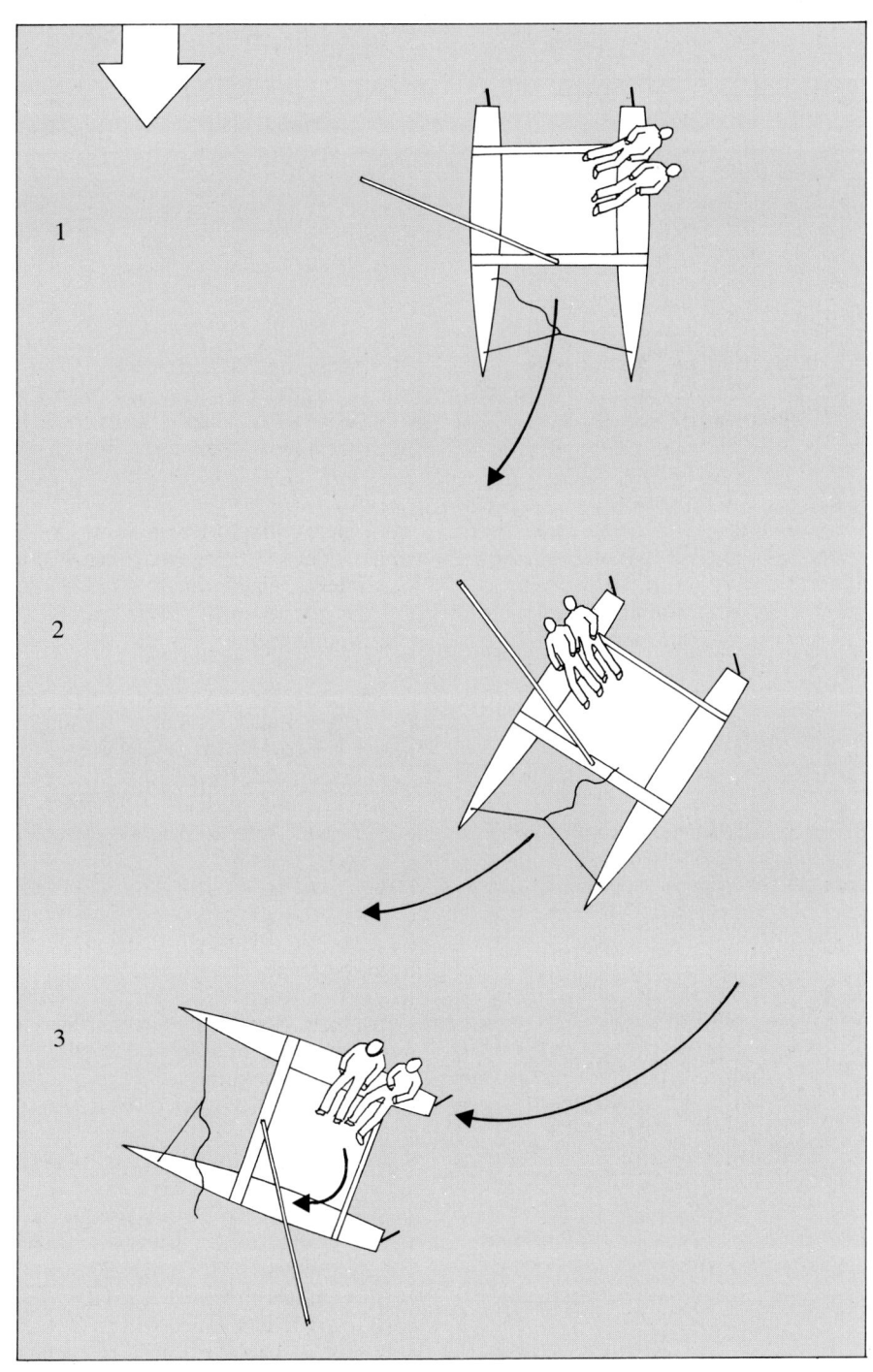

Die Überlebenshalse:
1 Auf Kurs platt vor dem Wind Schoten
  und Traveller freimachen,
  auch Fockschot
2 Langsam abfallen; bevor der Baum
  überkommt, verlagert die Mannschaft
  ihr Gewicht achtern auf die künftige
  Luvseite
3 Wenn der Großbaum überschlägt,
  so stark luven, daß die Segel nicht zum
  Stehen kommen

Trimmplan

Windstärke Beaufort	Sitz- bzw. Trapezposition: Steuermann			Vorschoter			Latten eingebunden	Vorliek: Fock		Großsegel	Travellerwagen		Großsegel-Unterliek		
	Kreuzkurs	Raumschotskurs bis ca. 90 Grad	Vorwindkreuz	Kreuzkurs	Raumschotskurs bis ca. 90 Grad	Vorwindkreuz		Kreuzkurs	Raumschotskreuz und Vorwindkreuz		Kreuzkurs	Raumschotskurs und Vorwindkreuz	Kreuzkurs	Raumschotskurs bis ca. 90 Grad	Vorwindkreuz
Leichtwind bis ca. 2	auf dem Luvrumpf hinter dem Hauptholm			auf dem Leerumpf vor dem Hauptholm			streng				in der Mitte			ca. 5–10 % Segelwölbung	
Mittelwind ca. 2–5		auf dem Schwertkasten		auf dem Luvrumpf hinter dem Hauptholm			mittel	mittelstreng		immer voll durchgesetzt	zwei bis drei Handbreit in Lee			ca. 5–10 % Segelwölbung	
Starkwind ca. 5–6	etwa zwischen Schwertkasten und Achterholm			hinter dem Püttingeisen	Trapez möglichst weit achtern (Hecktrapez)	in Luv auf dem Schwertkasten	leicht	gut durchgesetzt	gerade so lose, daß keine Falten zu sehen sind	gerade so weit durchgesetzt, daß keine Falten zu sehen sind	vier bis fünf Handbreit in Lee	je nach Kurs in Lee, bis ganz außen auf der Vorwindkreuz	Segel flach durchgesetzt	ca. 10–20 % Segelwölbung	größtmögliche Segelwölbung
Hack ca. 6–7		ganz hinten vor dem Achterholm			vor dem Steuermann sitzend mit dem Fuß gegen die Want abgestützt										
Schwertstellung	ganz unten	halb bis ganz unten	ganz oben												

104

Anlegen und Ablegen

Bei der enormen Beschleunigung, die Katamarane erreichen können, gilt für Anlege- und Ablegemanöver Vorausdenken als wichtigster Bestandteil aller Aktionen.

Für Zuschauer gibt es nichts Amüsanteres, für Hafenlieger und auch den Katamaranskipper selbst nichts Alptraumhafteres als einen wild im Hafen oder zwischen Bojen herumschießenden Kat, dessen Steuermann verzweifelt versucht, die rettende Lücke zu finden.

Als erster Grundsatz muß daher gelten, daß alle derartigen Manöver mit der geringstmöglichen Segelfläche durchgeführt werden, die gerade nötig ist, um den Katamaran manövrierfähig zu machen.

Im Klartext kann dies bedeuten, daß etwa ein *Wing* allein mit seinem Profilmast zum Steg segelt, wenn er vor dem Wind anlegen muß − der Mast bringt immerhin noch rund einen Quadratmeter Windangriffsfläche.

Als zweites ist zu beachten, daß ein guter Skipper immer versuchen wird, sich einen Fluchtweg offenzuhalten, falls das geplante Manöver nicht klappt.

In diese Kalkulation ist mit einzubeziehen, daß ein Kat − einer der wenigen Nachteile dieser Bootsklasse − einen größeren Drehkreis hat als ein Einrumpfboot, das man nahezu auf dem Teller drehen kann.

Zu berücksichtigen ist auch das blitzschnelle Anspringen eines Katamarans in einer Bö.

Einen großen Vorteil dagegen bringt die geringe Masse eines Katamarans, die dafür sorgt, daß das Boot nicht oder nur minimal nachläuft und nach einer ruckartigen Drehung steht.

Anlegen: 1 = am Boot, 2 = an der Pier, 3 = am Strand (a = wenn der Kat zum Stillstand gekommen ist, sofort ins Wasser springen, Ruderblätter hochnehmen und das Boot rückwärts auf den Strand ziehen). Anlegemanöver sollten stets so gefahren werden, daß man im Falle einer plötzlich einkommenden Bö oder bei schralendem Wind an der Anlegestelle vorbeilaufen und das Manöver wiederholen kann. Falscher Ehrgeiz ist fehl am Platze − lieber dreimal probieren!

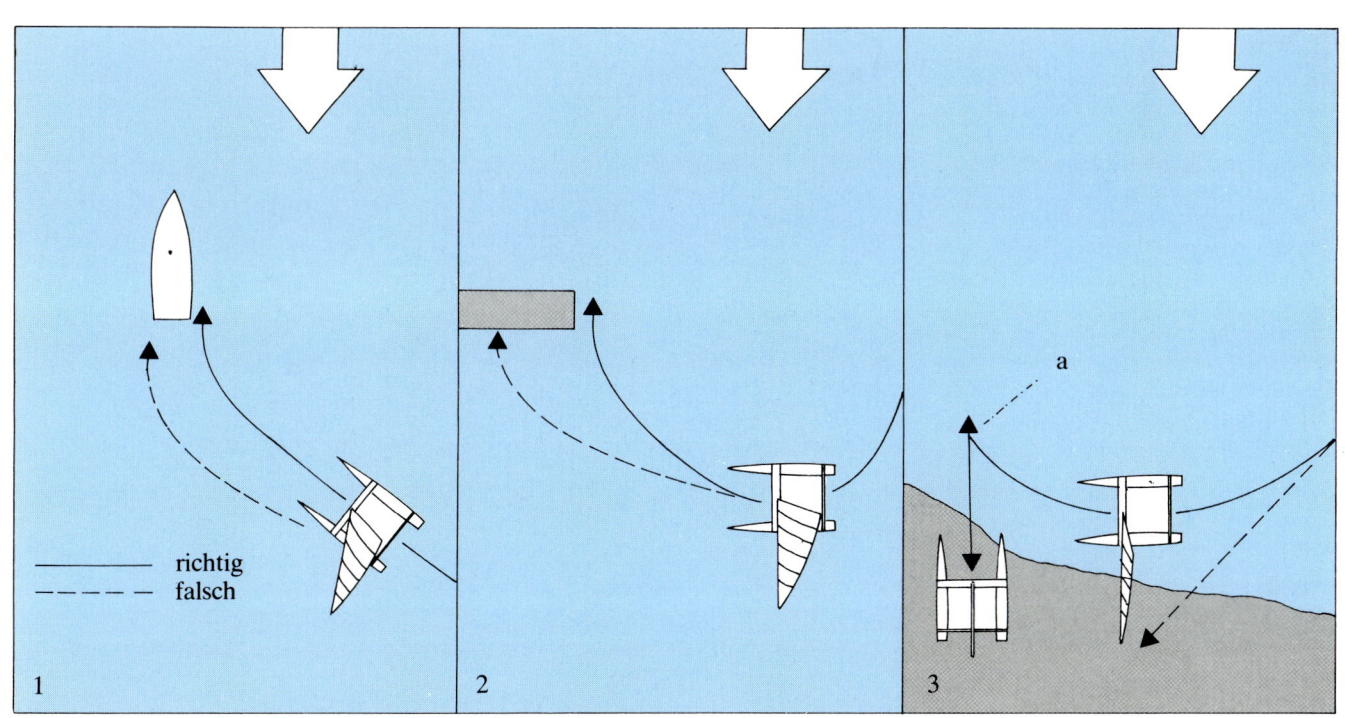

richtig

falsch

1 2 3

Die Notbremse

Eine bewährte Methode, einen Kat „abzuwürgen", ist es, kurz hintereinander ruckartig und bis zum Anschlag nach beiden Seiten Ruder zu legen. Die Bremswirkung der nahezu quergestellten Ruder ist so groß, daß sie selbst einen Katamaran in voller Fahrt nach spätestens drei bis vier Ausschlägen zum Stehen bringt, solange nicht die Segel weiterschieben (siehe Fotos). Doch Achtung: Der Kat ist dann für kurze Zeit nicht manövrierfähig!
Diese Methode funktioniert bei Kursen bis etwa halben Wind; natürlich müssen gleichzeitig die Segel aufgefiert werden.

Am Strand

Solange der Kat vom Steg weg oder aus tiefem Wasser startet, ist das Manöver meist problemlos. Hat man doch von Anfang an volle Ruderwirkung und kann auch schon die Schwerter absenken. Hier ist dies also nur eine Frage der Planung und Überlegung.
Anders dagegen, wenn Sie vom Strand weg starten müssen. Je nach Windrichtung und -stärke sowie Wellenhöhe und -richtung kann das manchmal eine recht knifflige Angelegenheit werden. Grundsätzlich gilt jedoch auch hier: erst denken, dann starten!

Durch schnelles und starkes Ruderlegen bis zum Anschlag kann nach einem Aufschießer noch vorhandene Restfahrt aus dem Schiff genommen werden. Bild links zeigt die erste Phase; das Boot fährt noch, die Ruder verwirbeln stark. Im Bild rechts ist der Katamaran bereits fast zum Stillstand gekommen

Bei auflandiger Welle entsprechender Stärke wird die Fahrt durch die Brandung zu einem Balanceakt. Wichtig sind zwei Dinge: Erstens muß möglichst viel Fahrt im Schiff sein, bis es den Brandungsbereich erreicht. Zum zweiten muß es schon steuerbar sein; Ruder und Schwerter müssen sich also zumindest teilweise unten befinden, bevor man die Brandung erwischt.

In dieser Phase des Starts muß der Katamaran so hecklastig wie möglich getrimmt werden, um die durch die nur halb abgesenkten Ruderblätter bedingte Luvgierigkeit auszugleichen. In dem Augenblick, in dem der Brecher den Kat zu fassen bekommt, verlagert die Crew ihr Gewicht weit nach vorne, um eine Kenterung über das Heck zu vermeiden, und luvt stark an, um den Brecher möglichst vierkant zu durchsegeln. Ist das Boot durch den Brecher hindurch, fällt man sofort ab, um wieder Geschwindigkeit zu bekommen. Sobald Sie den Brandungsgürtel hinter sich oder genug Wassertiefe erreicht haben, fieren Sie Ruder und Schwerter voll ab.

Eine große Hilfe ist die richtige Wahl der Abfahrtsrichtung. Fast nie haben Sie den Wind wirklich vierkant auf den Strand stehen; starten Sie dann immer vom Wind weg, damit Sie höher fahren oder bei gleicher Höhe mehr Kraft einsetzen können. Bei Regatten auf Küstenrevieren gibt es oft Massenstarts vom Strand weg. Wenn Ihnen noch die nötige Erfahrung und Sicherheit fehlen, dann schauen Sie sich erst einmal die Revierkenner an. Lassen Sie sich aber nicht durch spritzendes Wasser und sich nahezu überschlagende Kats ablenken: Achten Sie auf den Startwinkel, die Ruderbewegungen, darauf, wann die Schwerter abgesenkt werden und wie die Kurslinie über die Wellen aussieht. Dann werden Sie schnell erkennen, wie die Sache funktioniert. Beachten Sie auch, daß gerade Sie als Küstenneuling besonders viel Platz nach Lee, also zur Küste hin, in Reserve halten sollten, damit Sie nicht mit einem anderen Kat zusammenstoßen, der möglicherweise schneller und steiler von Land wegkommt als Sie selbst.

Beim Landemanöver kann es eigentlich nur dann Probleme geben, wenn der Wind auflandig ist.

Steht der Wind nicht vierkant auf den Strand, dann wählen Sie für den Anlauf die Luvseite des Windwinkels. Sie laufen also praktisch immer platt vor dem Laken auf das Ufer zu. So können Sie rechtzeitig die Schwerter hochnehmen. Und noch bevor Sie die Brecherzone erreicht haben, müssen auch die Ruderblätter entriegelt sein – die Blätter bleiben aber unbedingt bis zuletzt unten!

Wichtig ist, daß Ihr Katamaran immer rechtwinklig vor den Brechern bleibt und nicht querschlägt, sonst ist oft Bruch das Resultat.

Bei steinigem Strand oder Ufer bleibt Ihnen nur der möglichst rechtzeitige Sprung ins Wasser. Sie luven hart an, springen aus der Drehung heraus aus dem Boot und halten es am Bug oder an der Hahnepot fest, bis ein Helfer mit dem Slipwagen kommt. Bei niedrigen Wassertemperaturen sollten Sie bedenken, daß der Schnupfen des Steuermanns (natürlich auch der des Schotten) billiger ist als ein Loch im Rumpf – springen Sie also lieber zu früh als zu spät!

Wollen Sie auf einen Sandstrand auflaufen, so haben Sie keine Probleme, denn in diesem Fall segeln Sie so lange weiter platt vor dem Wind, bis Sie aus dem Brandungsgürtel heraus und in ruhigerem Wasser sind. Erst dann drehen Sie hoch und ziehen Ihr Boot mit dem Heck voraus auf den Strand. Wenn es nicht allzusehr hämmert, können Sie auch bis auf den Strand segeln, erst dort abspringen und die Hecks trockenen Fußes nach Lee tragen – eine Übung, für die besonders die *Hobies* berühmt geworden sind.

Wer steht schon gerne kopf?

Katamarane können kentern – na und? Jollen kentern schließlich auch, und keiner regt sich darüber auf. Es sollte sich eigentlich inzwischen herumgesprochen haben, daß moderne Konstruktionen unter den Katamaranen nach einer Kenterung fast immer wieder aufzurichten sind – durch die Crew und ohne fremde Hilfe.

Moderne Katamarane haben in der Regel wasserdichte Masten, die ein sofortiges Durchkentern verhindern oder – je nach Mastprofil und Volumen – sogar nahezu unmöglich machen (siehe Fotos).

Moderne Katamarane haben immer häufiger so großvolumige und dichte Masten, daß das gefürchtete Durchkentern vermieden wird. Daß man sich dann auch noch auf den Mast stellen kann wie hier bei einem Topcat, ist allerdings die Ausnahme

Das einzige Problem aber ist ein durchgekenterter Kat. Bevor Sie sich einen Katamaran kaufen, sollten Sie sich bei Hersteller oder Klassenvereinigung erkundigen, ob der von Ihnen ausgewählte Bootstyp leicht durchkentert und ob er auch dann, wenn er auf dem Rücken liegt, noch durch die Mannschaft allein wiederaufzurichten ist.

Kentern zu üben, ist eine wichtige Vorbereitung, um Spaß am Katamaran zu haben, vor allem beim Starkwindsegeln.

Kenterübungen sollte man nicht bei Flaute machen, denn im Ernstfall werden Sie kaum bei Flaute kentern. Wählen Sie dazu also mittleren Wind, bitten Sie einen Freund mit Boot, vorsichtshalber in der Nähe zu bleiben – und achten Sie darauf, daß das „Badewasser" die richtige Temperatur hat. Auch über die Wassertiefe am Ort des Geschehens

sollten Sie Bescheid wissen. Sicherheitshalber suchen Sie sich eine Stelle, wo die Wassertiefe mindestens der Masthöhe entspricht – plus ein kleiner Sicherheitszuschlag.

Ein durchgekenterter Kat, dessen Mast nicht wasserdicht ist, läßt sich fast immer nur mit Mühe wiederaufrichten. Wind und Welle sind dabei wichtige Helfer, die es so gut wie möglich zu nutzen gilt.

Durch die Wellenbewegung wird der durchgekenterte Katamaran sich langsam quer zur Welle legen. Bis dahin bleibt der Mannschaft nur übrig, zu warten, die (hoffentlich vorhandene) Aufrichteleine herzurichten (als Ersatz kann das Großfall dienen) und die Schoten aufzumachen.

Liegt der Kat quer zu Welle und Wind, versucht die Crew mit Hilfe der Aufrichteleine(n), den in Luv befindlichen Rumpf von der Wasser-

oberfläche abzuheben. Wind und Welle helfen dabei, Mast und Segel verhindern seitliche Drift.

Wenn der Luvrumpf abgehoben hat und der Wind unter das Trampolin greift, wird sich der Vorgang des Aufstellens beschleunigen. Weiteres Ausreiten ist jedoch nötig, da der Winddruck alleine nicht ausreicht, um den Mast bis zum Wasserspiegel anzuheben. Hat man den Kat so weit wieder aufgestellt, ist der Rest nicht mehr schwer.

Ein Katamaran, der so auf der Seite liegenbleibt, kann mit einer Aufrichteleine leicht wieder auf die Beine gestellt werden. Die Aufrichteleine (das Großfall tut es unter Umständen auch) soll dabei so lang sein, daß zum Aufrichten ein ausreichender Hebelarm gegeben ist. Bei diesem Topcat dürfte sie nicht kürzer sein

Bläst der Wind nicht stark genug, um Ihnen bis zu diesem Punkt zu helfen, dann bleibt nur die Hoffnung auf fremde Hilfe.

Die brutale Methode, einen durchgekenterten Katamaran durch ein quer ziehendes Motorboot wiederaufzurichten (siehe Fotos), empfiehlt sich nicht bei jedem Typ, da die Belastung an den Stellen, an denen die Schlepptrossen festgemacht sind oder aufliegen, enorm ist — besonders dann, wenn der Motorbootskipper keine Erfahrung auf diesem Gebiet hat, was die Regel ist.

Besser ist es da, einen Trapezdraht oder das Fall mit einer Leine zu verlängern und an einen Helfer in einem zweiten Boot zu übergeben; das kann in diesem Fall auch ein Ruderboot sein. Der Helfer macht die Leine an seinem Boot fest und fährt möglichst weit nach Luv vom Kat, bevor er sie schnell dichtholt.

Eine etwas rüde und oft Kosten verursachende Methode, einen durchgekenterten Tornado wieder auf die Beine zu stellen: Eine Schleppleine wird vom Motorboot zum Katamaran geworfen und dort am Wantpütting festgemacht. Dann zieht das Motorboot mit viel Kraft an — meist zuviel. Wegen der großen Kräfte, die bei dieser Methode auftreten, werden häufig Beschläge ausgerissen oder durch die Schleppleine Rümpfe auseinandergeschnitten. Die zunächst willkommene Hilfeleistung hat dann nicht selten eine unerfreuliche Auseinandersetzung zur Folge, und das, obwohl alle Beteiligten nur das Beste wollten

Die Mannschaft des gekenterten Kats unterstützt diesen Vorgang durch Ausreiten auf dem in Lee befindlichen Rumpf oder durch eine Aufrichteleine (Zeichnung S. 112). Das reicht in den meisten Fällen aus, um den Mast so weit zu holen, daß er einen Winkel von etwa 45 Grad einnimmt.

Der Helfer kann ihn nun direkt nach oben ziehen, was ja vorher nicht möglich gewesen wäre. Taucht der Mast aus dem Wasser auf, muß der Helfer ihn mit der Hand packen und zunächst festhalten, um seine Hilfsleine frei auszulegen; er kann sie auch einfach ins Wasser werfen. Gemeinsam mit der Crew geht das weitere Aufstellen dann problemlos vonstatten.

Denken Sie daran, daß Sie, haben Sie in einer Regatta fremde Hilfe in Anspruch genommen, aufgeben müssen! Melden Sie sich — soweit dies irgend möglich ist — bei einem der Sicherungsboote ab.

Bleibt der Katamaran auf der Seite liegen, so ist zunächst wichtig, die Verbindung mit dem Boot nicht zu verlieren, da es sehr schnell nach Lee wegtreibt. Selbst ein guter Schwimmer ist schon bei mittlerem Wind nicht mehr in der Lage, nachzuschwimmen, um so weniger, als er in der Regel noch durch die Segelkleidung behindert wird.

*Der Katamaran steigt . . . und steigt . . .
und schwimmt endlich wieder!*

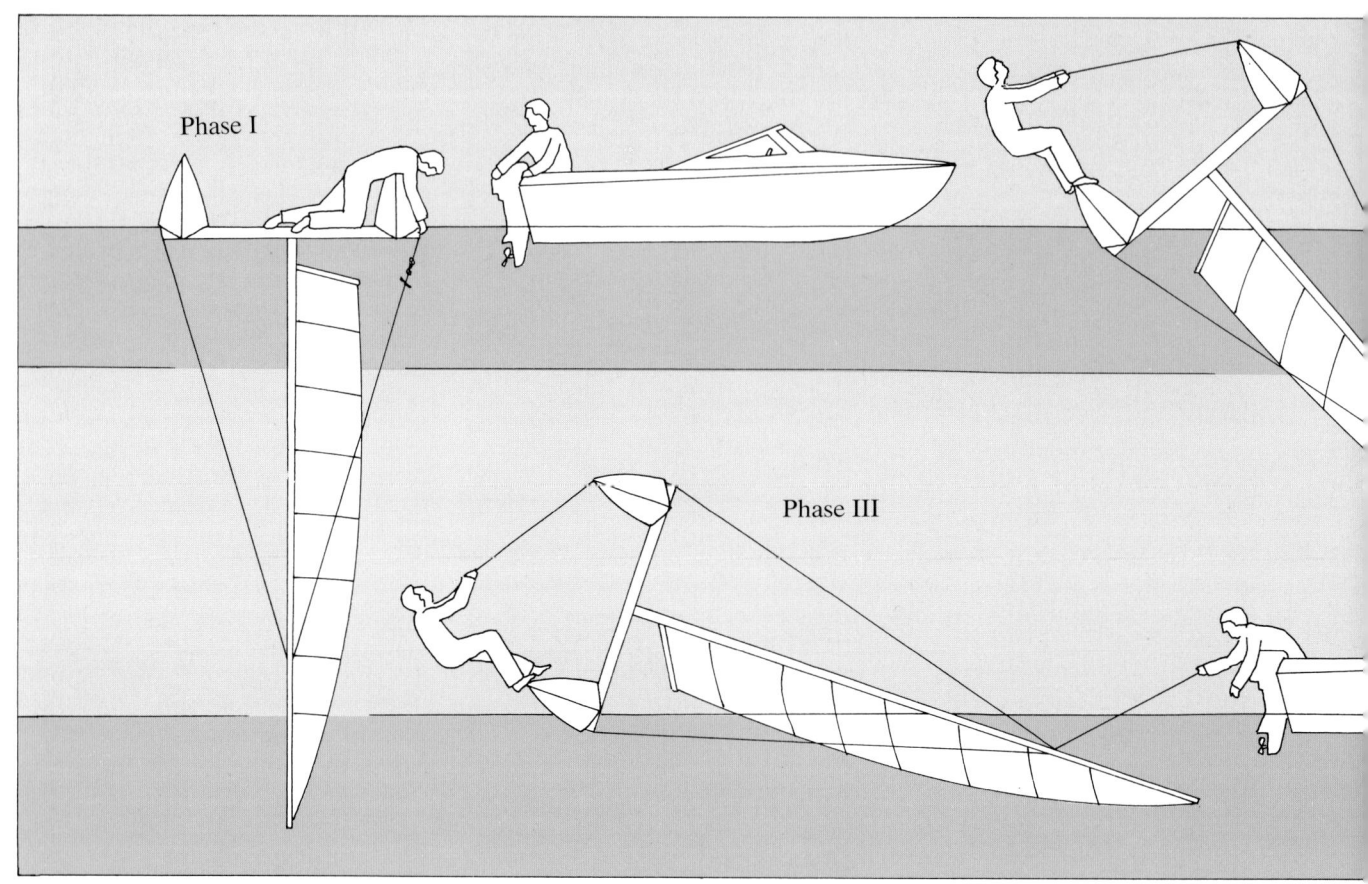

Phase I

Phase III

Phase II

Aufstellen eines durchgekenterten Katamarans mit fremder Hilfe:
Phase I
1. Großschot ganz auffieren

2. Trapez vom Gummi lösen, mit Tampen verlängern und an Helferboot befestigen (hat der Kat kein Trapez, Segel unter Wasser einholen und Fall verwenden)

Phase II
3. Helferboot rudert, motort oder segelt l a n g s a m nach Luv; die Crew unterstützt mit Aufrichteleine

Auch wenn der Katamaran auf der Seite liegenbleibt, muß man zunächst warten, bis sich die Rümpfe quer zum Wind gedreht haben. Unterstützen kann man diese Drehung durch Gewichtsverlagerung auf dem unteren Rumpf entweder nach vorne oder nach achtern hin. Erforderlich ist das

nicht, denn der Kat wird diese Position ohnehin von selbst einnehmen, da das Trampolin wie ein Segel, das im Wasser schleifende Segel jedoch wie ein Treibanker wirkt (wenn auch ein wenig wirkungsvoller).
Während dieser Zeit kann man schon einiges tun: Die Schoten müssen gelöst werden, der Traveller muß ebenfalls frei laufen können.
Die Aufrichteleine (wenn keine vorhanden ist, nehmen Sie das Großfall) wird am Mastfuß belegt und über den oberen Schwimmer hinter der Want herumgeführt. Die Länge muß so bemessen sein, daß die

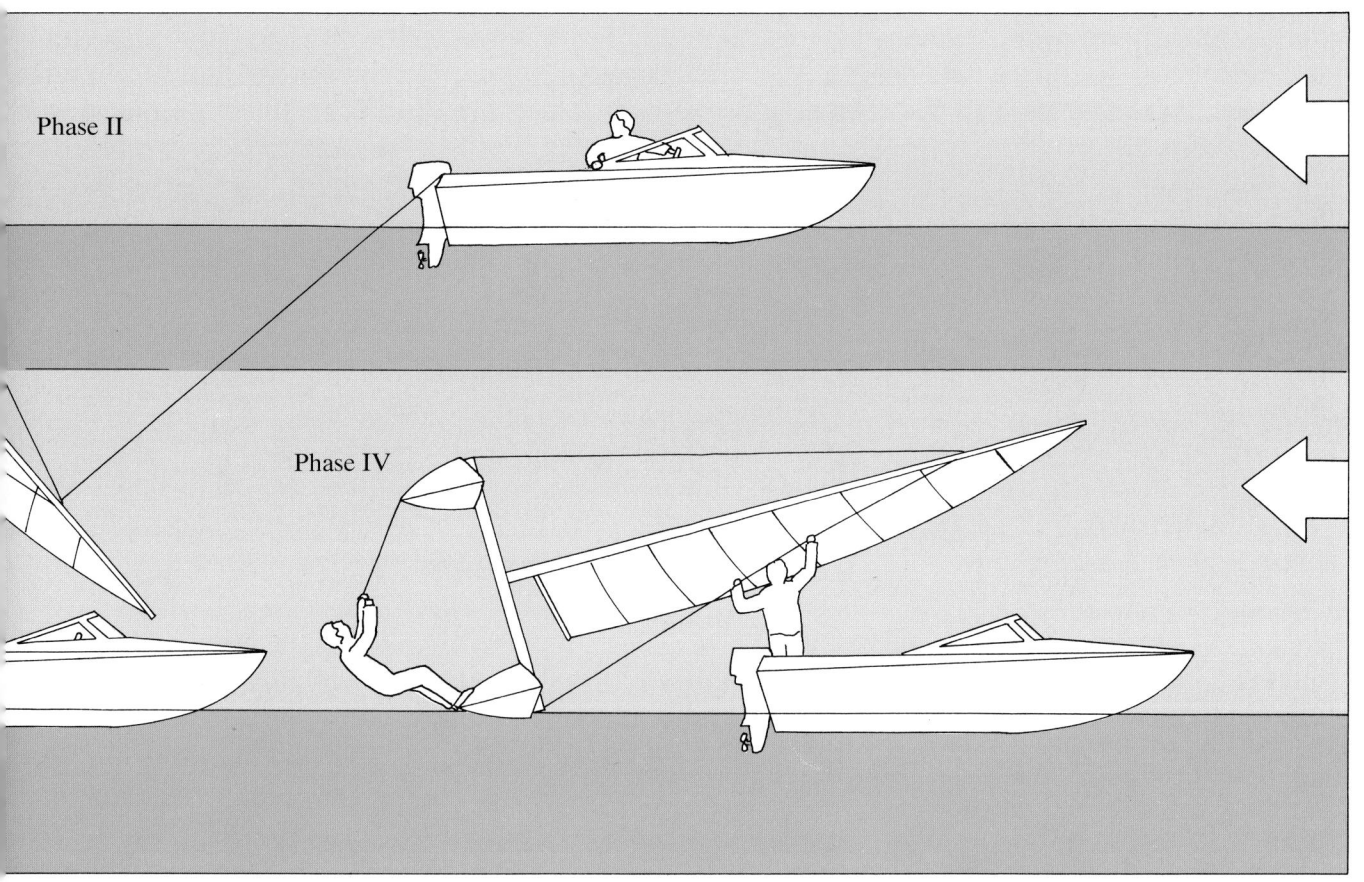

Phase II

Phase IV

Phase III
4. Helfer holt mit Unterstützung der Crew das Trapez oder Fall Hand über Hand ein, bis er den Mast fassen kann

5. Helfer löst die Leine wieder vom Boot

Phase IV
6. Helfer drückt mit Unterstützung der Crew erst den Mast, dann die Want nach oben, bis der Kat wieder steht

Mannschaft an dieser Leine mit ausgestreckten Armen nahezu waagerecht hängt.
Als sehr praktisch und handfreundlich haben sich Knoten in der Aufrichteleine erwiesen. Noch besser sind natürlich Schlaufen, die jedoch zum Vertörnen neigen.

Mit Knoten oder Schlaufen in der Leine wird das weitere Aufrichten zum Kinderspiel. Die Mannschaft versucht, durch Dichtholen der Leine den hochstehenden Rumpf zum Überkippen zu bringen, wobei sie möglichst flach hängen soll, um eine gute Hebelwirkung zu erzielen.

Der Vorgang wird mit zunehmendem Fortschritt immer schneller ablaufen und immer weniger Kraftaufwand erfordern.
Der sicherste Standort für die Crew beim Aufschlagen des Rumpfes auf das Wasser ist der Platz zwischen den Rümpfen. Von dort aus kommt

Weiter auf Seite 117   113

Mit einem Hobie 16 wird hier die Hohe Schule des Kenterns vorgeführt: zunächst das zu starke Unterschneiden des Leerumpfes . . .

. . . mit darauffolgendem Überschlag . . .

. . . und fällt ins Segel . . .

. . . allerdings zu weit achtern, so daß die Hecks wegtauchen. Die beiden haben Glück, denn normalerweise kentert in einer solchen Situation ein Katamaran ganz durch

. . . nach seitlich vorne

Nun verläßt die Mannschaft in ungebührlicher Hast die luftige Höhe . . .

Nach viel Zerren und Hebeln hat sich der Hobie 16 wieder auf die Seite gelegt . . .

. . . freilich so, daß der Wind auf die Unterseite des Trampolins drücken kann. Hier wäre es besser gewesen zu warten, bis die Rümpfe um den Masttopp herumgetrieben wären (das Segel wirkt wie eine Bremsfläche); dann hilft der auf die Oberseite des Trampolins blasende Wind beim Aufrichten

►

Diese Mannschaft aber hat so viel Kraft . . .

*. . . daß sie ihren Hobie 16 mit den Auf-
richteleinen auch gegen den Wind wieder
auf die Beine stellen kann*

*Bei stärkerem Wind könnte es durchaus
passieren, daß die beiden, irgendwo unter
dem Trampolin hängend, mit ihrem Hobie
16 eine unfreiwillige Reise unternehmen,
weil sie nicht mehr in der Lage sind, sich
gegen die Fahrtströmung auf das Boot zu
ziehen*

*Also immer erst dann aufstellen, wenn der
Bug nach Luv weist. Hier hat es noch einmal geklappt, denn einer ist schon wieder
auf dem Boot*

Wichtig ist jetzt, nach oben zu schauen, damit man zwischen die beiden Rümpfe gelangt und nicht einen Rumpf auf den Kopf bekommt.

man mit einem Bauchaufschwung auch am schnellsten wieder auf das Trampolin.

Den gesamten Vorgang des Wiederaufrichtens veranschaulicht die Fotoserie.

Die erste Aufgabe ist dann, das Schiff in eine ruhige Lage zu bringen. Da die Schoten und der Traveller frei sind und durch das Einsteigen über den Haupttholm der Vorderteil der Rümpfe belastet wurde, wird der Katamaran meist auf einem Kurs zwischen halbem und am Wind liegen, wo er durch etwas Schotenarbeit so lange in Ruhe gehalten wird, bis wieder klar Trampolin herrscht.

> Bei einer Kenterung immer versuchen, den Kontakt zum Schiff nicht zu verlieren! Erst denken, dann handeln.

Safety first

Im Prinzip sind für Katamarane und ihre Crews die gleichen Sicherheitsvorkehrungen zu treffen wie für Jollen.

Ohnmachtsichere Rettungswesten – keine „Schwimmhilfen" – sollten selbstverständlich sein. Gute, wasserdichte und vor allem vor Auskühlung schützende Bekleidung ist jedoch bei Kats noch wichtiger als bei Jollen, denn Katamaransegeln ist deutlich nasser und spritzwasserintensiver. Wegen der höheren Geschwindigkeiten und dem daraus resultierenden stärkeren scheinbaren Wind kühlt der Katamaransegler auch schneller aus.

Eine Schleppleine ist kein Luxus, zumal man sie noch für eine ganze Reihe anderer Zwecke verwenden kann: als Aufrichteleine, als Ersatzfall,

als Ersatz für eine gerissene Schot – und nicht zuletzt als Schleppleine, um sich bei Badewetter vom Kat durchs Wasser ziehen zu lassen.

Die Hauptgefahren sind für den Katamaransegler die gleichen wie für den Jollensegler: Selbstüberschätzung, Fehleinschätzung der Wetterlage, Leichtsinn.

Für kleine Katamarane stellt stets der Wind die Gefahr dar, nicht die Welle. Um gerüstet zu sein, wenn Sie einmal von einer Windstärke überrascht werden, mit der Sie noch keine Erfahrung haben, sollten Sie mit Ihrem Katamaran folgendes ausprobieren:

ob und wie gut er sich mit dem Großsegel allein fahren läßt;
– ob und wie die Reffeinrichtung funktioniert;
– ob und wie gut er sich mit der Fock allein fahren läßt;
– ob er sich notfalls auch ganz ohne Segel, nur mit dem Mast, zu einem in Lee liegenden Ort segeln läßt.

Zur Gewohnheit muß Ihnen werden, immer und bei jeder Windstärke alle losen Teile wie Paddel, Stautaschen, Rettungswesten, Kleidungsstücke usw. am Schiff festzubinden, bevor Sie auslaufen, und das ganze Boot in Ruhe schon an Land zu überprüfen.

Wenn Ihre Mitsegler es mit der Angst zu tun bekommen, kehren Sie um und laufen den nächsten Hafen an; ein vor Angst bibbernder Mitsegler ist zu nichts zu gebrauchen und kann Sie höchstens in Schwierigkeiten bringen. Segeln Sie nie allein auf das offene Meer hinaus, ohne an Land jemandem Bescheid zu geben und um Beobachtung zu bitten – und die Rückkehrzeit dann auch einzuhalten!

Eine große Gefahr birgt der Einhandkatamaran in sich: Fällt der Skipper bei leichtem bis mittlerem

Wind über Bord und kentert der Kat nicht sofort, hat er keine Chance, das Boot aus eigener Kraft wieder zu erreichen. Deshalb müssen Einhandsegler auf Kats unbedingt bei jedem Wind Schwimmwesten anlegen.

Dies gilt insbesondere bei niedrigen Wassertemperaturen, wenn wenige andere Boote in der Nähe sind, und selbstverständlich für jedes offene Revier, wie etwa an der Küste.

Um den Katamaran an der Weiterfahrt zu hindern, gibt es verschiedene Methoden:

● Der Steuermann bindet sich das Ende der Großschot unmittelbar unterhalb der Achseln um die Brust (*nicht* um den Bauch!). Fällt er über Bord, so wird automatisch die Schot dichtgeholt. Der Kat steigt und fällt im Idealfall sofort um, wird aber zumindest abgebremst, so daß man sich an der Schot wieder zum Schiff hangeln kann.

● Der Segler bindet sich auf gleiche Art eine Hilfsleine um, die durch eine Umlenkung auf dem Achterholm unter Zug die Ruder querstellt, was erstens bremst und zweitens den Kat entweder kentern oder im Kreis segeln läßt.

● Durch einen unter Vorspannung gebrachten Gummistropp wird im gleichen Moment, in dem die Pinne losgelassen wird, hart Ruder gelegt. Der Vorteil dieser Methode ist, daß sich der über Bord Gegangene nicht in seiner Hilfsleine verheddern kann, der Nachteil, daß er die Verbindung mit seinem Kat verliert.

So segeln Weltmeister: Randy Smyth/James Glaser. Offensichtlich hat James' kritischer Blick auf den Leebug noch Reserven entdeckt, denn Randy hangelt sich gerade mit Hilfe der Want weiter vor

Viel Feind, viel Ehr':
Regattatechnik und -taktik

Regatten sind das Salz in der Suppe des Segelns, auch wenn man – besonders als Anfänger – so manches Haar in dieser Suppe findet. Denn die Konkurrenz ist auch bei den Katamaranen hart geworden, und einiges ist bei den Doppelrumpfbooten eben doch ganz anders als bei Einrumpfschiffen und bedarf der Gewöhnung und des Trainings.

Das beste Training für Katamaranregatten sind für den Anfänger immer noch Katamaranregatten. Nur im Vergleich mit anderen Booten derselben Klasse auf einem vorgeschriebenen Kurs lassen sich zunehmendes Können und gesteigerte Erfahrung durch bessere Placierungen beweisen.

Fahren Sie also gerade als Anfänger möglichst viele Regatten mit. Selbst wenn Sie hinterhersegeln: Durch ständiges Beobachten der anderen Boote – bevorzugen sollten Sie natürlich die guten Skipper – können Sie an einem Tag mehr lernen als in einer Woche als Autodidakt.

Konzentrieren Sie sich dabei zunächst auf die Segelstellung (Travellerwinkel, Schotführung) der Konkurrenten, und lassen Sie auch den Gewichtstrimm nicht außer acht. Dazu müssen Sie allerdings eine Mannschaft aussuchen, die in etwa das gleiche Gewicht hat wie Sie und Ihr Schotte. Durch das Beobachten werden zwar Plätze draufgehen, aber die Zeit, die Sie darauf verwenden, wird sich sehr schnell in dem Maße verringern, wie Ihre Fähigkeit zunimmt, gute Bootsgeschwindigkeit zu erzielen.

Später müssen Sie sich natürlich auch mit der von den Spezialisten angewendeten Taktik befassen, Sie dürfen aber nie vergessen:

> Je perfekter das Geschwindigkeitspotential des Kats ausgenutzt wird, desto weniger brauchen Sie sich um Taktik zu kümmern.

Die Vorbereitung

„Eine Regatta beginnt schon, bevor ich von zu Hause wegfahre" – erfahrene Segler wissen das und befassen sich gedanklich bereits daheim intensiv mit dem bevorstehenden Ereignis.

Der erste Blick sollte dem Kleiderschrank gelten:

Je nach Wetterlage und zu erwartender Wassertemperatur suchen Sie aus, was dabeisein muß. Grundsätzlich gilt, daß man lieber zuviel mitnehmen soll als zuwenig, denn was man nicht braucht, kann man im Auto oder im Hänger verstauen. Wenn man aber zum Beispiel den Naßbiber zu Hause gelassen hat und braucht ihn dann doch, kann das viele, viele Plätze kosten.

Ein weiterer Blick muß der Trailerbox (Foto S. 120) oder dem Kofferraum des Autos gelten. Überprüfen Sie, ob alles, was Sie für das Boot brauchen (könnten), auch wirklich drin ist.

Ein sauber gebauter Trailer für einen Hobie. Die Trailerbox freilich sollte auf keinen Fall kleiner sein. Die hinteren Auflagen sind als Rollen ausgebildet, so daß der Katamaran vom Trailer aus abgeslippt werden kann. Die Lichtanlage wird dazu abgenommen

Oft wird bei der Steuermannsbesprechung noch irgendeine besondere Segelanweisung bekanntgegeben, die man unbedingt kennen sollte. Deshalb empfiehlt es sich, nach Möglichkeit daran teilzunehmen. Geht es aber beim besten Willen nicht, so fragen Sie Ihre Bootsnachbarn, ob irgendwelche Besonderheiten mitgeteilt worden sind. Das kann Ihnen viel Ärger ersparen

Reservesplinte fehlen meist dann, wenn man feststellt, daß man gerade den letzten verbraucht hat . . . Hier eine kleine Aufstellung dessen, was unbedingt immer dabeisein sollte:

● Für die Mannschaft:
Wäsche zum Wechseln
Bootsschuhe oder -stiefel
Handschuhe
Faserpelz
Naßbiber mit Reparatur-Set
Overall mit Flickzeug
Kappe mit Kinnriemen
Schwimmwesten
Trapezhose
Uhr
Messer mit Schäkelöffner
Sonnenbrille
Sonnencreme
Lippencreme
● Für das Boot:
Segel, Reparaturtape
Latten, Ersatzlatten
Schoten, Ersatzschoten
Schleppleine
Reservesplinte, Reserveringe
Spionfäden
Verklicker
einige Bändsel
Gelcoatpaste
Tape in verschiedenen Breiten
Werkzeugkasten

Je nach Erfahrung werden Sie diese durchaus nicht umfassende Liste mit der Zeit selbst ergänzen.
Ein letzter Blick sollte vor der Abfahrt den Papieren gelten: Fahrzeug- und Hängerpapieren, Führerschein, Ausweis, Meßbrief und nicht zuletzt der Ausschreibung (die sollten Sie schon deshalb durchlesen, um festzustellen, ob irgendwelche unüblichen Ausrüstungsgegenstände verlangt werden). Es empfiehlt sich auch die Mitnahme der Einzahlungsquittung für das Startgeld.

Bis zum Startschuß: Zeit lassen. Beeilen sollten Sie sich erst danach!

Wer das Regattarevier frühzeitig erreichen will, muß auch frühzeitig losfahren. Planen Sie für die Anreise immer mehr Zeit ein, als Sie unter ungünstigsten Umständen brauchen. Zu früh können Sie gar nicht im Club ankommen, gerade für den Anfänger ist dies wichtig. Er kann nämlich, wenn er sein Boot fix und fertig aufgebaut hat, noch ausgiebig „spionieren" – und dabei eine Menge lernen.
Melden Sie sich gleich nach der Ankunft bei der Wettfahrtleitung;

fragen Sie, ob alle wichtigen Angaben in der Segelanweisung stehen oder ob es noch weitere Unterlagen gibt, die Sie kennen müssen, und lassen Sie sich die Uhrzeit für die Steuermannsbesprechung bestätigen.
Wenn Ihr Boot segelfertig auf dem Slipwagen steht, versuchen Sie, die Zeit abzuschätzen, die Sie vom Clubgelände bis zum Startbereich benötigen. Kalkulieren Sie nicht zu großzügig, denn wenn Sie etwa bei fünf Beaufort 30 Minuten vor der Startlinie hin und her segeln müssen, sind Sie schlapp, noch ehe die erste Kreuz geschafft ist.
Bevor Sie sich der Wetterlage entsprechend anziehen, sollten Sie einen verschwiegenen Ort aufsuchen – erleichtert segelt es sich besser!

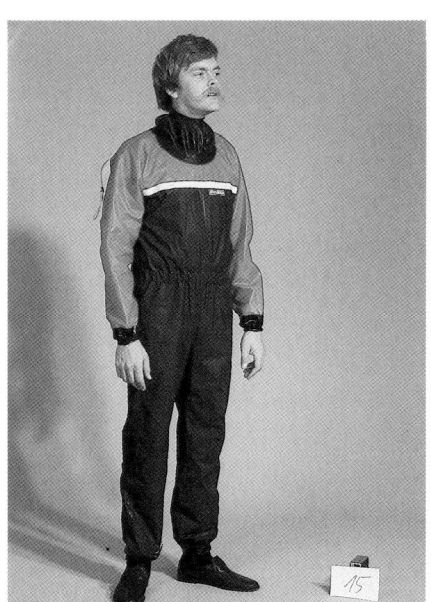

Heute haben sich auch bei den Katseglern die Trockenanzüge als beliebteste Bekleidung durchgesetzt. Sie halten warm und trocken, selbst wenn es einmal sehr naß wird, wie etwa bei einer Kenterung. Wichtig sind Verstärkungen am Schienbein und an den Rückseiten der Beine bis zum Gesäß

Der Trapezhosengurt ist wesentlich bequemer als die früher üblichen Kreuzgurte, weil er die Oberschenkel und den Rücken unterstützt. Der Haken soll beim fest anliegenden Gurt in keinem Fall höher angebracht sein als in Höhe des Bauchnabels, eher tiefer

Wenn es wirklich mal pressiert, können Sie sich zur Not auch noch auf dem Weg zum Start auf dem Boot fertig anziehen – das sollte aber die Ausnahme sein.

Noch einige Worte zur Bekleidung. Sie muß im wesentlichen drei Anforderungen genügen:

Sie muß den Segler schützen gegen Wärmeverlust und gegen Nässe, in kleinerem Umfang auch gegen Verletzungen. Papierdünne Kleidung allein ist daher ungeeignet. Bewährt haben sich Faserpelz/Overall-Kombinationen oder die unter der Sammelbezeichnung Naßbiber bekannten Taucheranzüge.

Ferner muß die Kleidung weitgehend saugfähig sein, damit der Segler nicht „im eigenen Saft kocht". Atmungsaktive Anzüge, die zwar die körpereigenen Ausdünstungen durchlassen, nicht aber Wasser von außen, haben sich bisher nicht allgemein bewährt. Letztlich muß die Kleidung auch noch bequem sein. Selbst wenn der Segler mehrere Schichten übereinander trägt, darf die Bewegungsfreiheit nicht wesentlich eingeschränkt sein. Die Wahl der richtigen Bekleidung beeinflußt das Wohlbefinden enorm. Nur derjenige Segler vermag die volle Leistung zu bringen, der sich wohl fühlt und sich daher voll konzentrieren kann.

Für die Schuhe gilt im wesentlichen, was schon zu der übrigen Kleidung gesagt wurde. Keine schlechte Lösung sind Surfschuhe, eventuell kombiniert mit Wollsocken.

Eine regenfeste Kopfbedeckung ist kein Luxus, sondern trägt ebenfalls zum Wohlbefinden bei. Kapuzen sind nicht besonders zu empfehlen, da man mit diesen kein Gefühl mehr für den Wind entwickeln kann. Zudem sieht und hört man schlechter, was gerade bei Regatten nicht ungefährlich ist.

Nasse Haut ist besonders anfällig gegen Verletzungen; daher gehören Handschuhe unbedingt zu einer vollständigen Ausrüstung. Die billigste und nicht einmal schlechteste Lösung stellen die üblichen Haushaltshandschuhe dar, wie sie etwa zum Geschirrspülen verwendet werden. Sie sind ausreichend reißfest und haben meist eine rauhe Innenhandfläche, so daß man damit sicher greifen kann.

Rettungswesten mit Auslöseautomatik sind, wie für Jollensegler auch, nicht ideal. Gehen Sie baden, müssen Sie entweder auf Bequemlichkeit (wenn die Weste aufgeblasen bleibt) oder auf Sicherheit (wenn Sie die Luft rauslassen) verzichten. Besser eignen sich die Regattawesten, die aber eng anliegen sollten, damit sie auch noch als Wärmeschutz wirken. Wichtig ist weiter, daß alle äußeren Kleidungsstücke signalfarben sind, also gelb, rot oder orange. Weiß sind auch die Wellenkämme!

Diese Regattaweste ist nicht ohnmachtsicher, trotzdem eignet sie sich zum Katamaransegeln sehr gut. Abgesteppte Festauftriebskörper, die eng am Körper anliegen, geben viel Bewegungsfreiheit. An den Füßen haben sich Surfstiefel bestens bewährt

Feststoff-Regattawesten haben den Vorteil, daß nach irgendeiner Beschädigung keine Luft entweichen kann, wie das bei aufblasbaren Schwimmwesten der Fall ist. Die hier gezeigte ist auch noch bequem – was man nicht von allen Modellen behaupten kann – und erfüllt eine zusätzliche Wärmefunktion

Check vor dem Auslaufen

Bevor Sie zum Start auslaufen, sollten Sie nach Ihrer privaten Checkliste in Ruhe Schiff, Ausrüstung und Mannschaft überprüfen. Mindestens aufgeführt sein muß in dieser Liste nach unserer Meinung folgendes:

Lukendeckel festgezogen?
Alle Schäkel mit Schäkelöffner nachgezogen?
Alle Leinen mit Achtknoten gesichert?
Lenzöffnungen am Spiegel geschlossen?
Steckschwerter an Bord?
Paddel an Bord?
Aufrichteleine angeschlagen?
Protestflagge an Bord?
Segelanweisungen an Bord?
Alle Kleidungsstücke an Bord?
Uhr dabei?
Kompaß dabei?
Brotzeit an Bord?

Je nach Ihrer Erfahrung wird diese Liste mit der Zeit anwachsen. Alles, was Sie jemals vergessen haben, schreiben Sie gleich auf und kleben die Liste in den Deckel der Hängerbox.

Die Taktik

Während Sie mit Hilfe der Segeltechnik versuchen, die Regattabahn so schnell wie möglich zu durchsegeln, dient die Taktik dazu, mit allen erlaubten (!) Mitteln zu verhindern, daß die Gegner das gleiche tun oder doch zumindest erst nach Ihnen. Als Randy Smyth, amerikanischer

Tornado-Weltmeister, einmal nach seiner Meinung über den Wert der Taktik befragt wurde, antwortete er lapidar: „Go fast – and forget about tactics!" Zweifelsohne bedient auch Randy sich der Taktik, doch er gibt ihr den richtigen Stellenwert: Zuerst kommt die Bootsgeschwindigkeit, erst dann kann man erfolgreich taktieren. Bevor Sie sich auf Taktik einlassen, müssen Sie die Wettsegelbestimmungen genau kennen und verstehen. Es ist immer wieder verwunderlich, daß selbst erfahrene Segler sich in taktische Kämpfe einlassen, ohne sich über die möglichen Folgen klar zu sein. Eine derartige „Anti-Taktik" hat denn auch meist ihre Folgen – ehe Sie sich's versehen, sind Sie disqualifiziert. Für den Anfänger am informativsten

Wer Regatten segelt, muß, will er Taktik sinnvoll anwenden, das Regelwerk sicher beherrschen. Grundlegende Informationen findet auch der Katamaransegler in entsprechenden Fachbüchern wie diesem

sind Bücher, in denen nicht nur die einzelnen Paragraphen der Wettsegelbestimmungen abgedruckt sind, sondern in denen auch zumindest die typischen Situationen durch Phasenzeichnungen erklärt werden.

Wenn Sie also Taktik anwenden, müssen Sie absolut sicher sein, daß der erhoffte Erfolg auch eintritt. Ist das nicht der Fall, dann beherzigen Sie den Grundsatz: Segle dein eigenes Rennen!

Da über Taktik im allgemeinen schon viele und gute Bücher geschrieben wurden, wollen wir uns auf die Taktik beschränken, die Katamaran-typisch ist.

Bis zum Start

Fahren Sie auf dem Weg zum Startgebiet eine kurze Kreuz, um die Segel für die herrschende Windstärke optimal einzustellen. Überprüfen Sie die Einstellung nochmals anhand der Strömungsfäden.

Sind Sie soweit klar, legen Sie sich in der Nähe des Startprahms auf die Lauer, um den Zehnminutenschuß exakt zu erwischen. Die ruhigste Warteposition erreichen Sie mit einem Kat mit Una-Rigg, indem Sie den Baum auf etwa 30 Grad zur Mittschiffslinie einstellen und das Segel oben auswehen lassen. Durch die stark nach Luv angestellten Ruder wird der Kat jetzt immer kurz anluven und Fahrt aufnehmen, dann aber wieder zurücktreiben. Das Boot treibt so mit Sägebewegungen langsam nach Lee ab.

Beim Zweimannkatamaran erzielen Sie den gleichen Effekt, wenn Sie Großsegel und Ruder einstellen wie beim Una-Rigg, die Fock aber killen lassen. Bei sehr viel Wind können

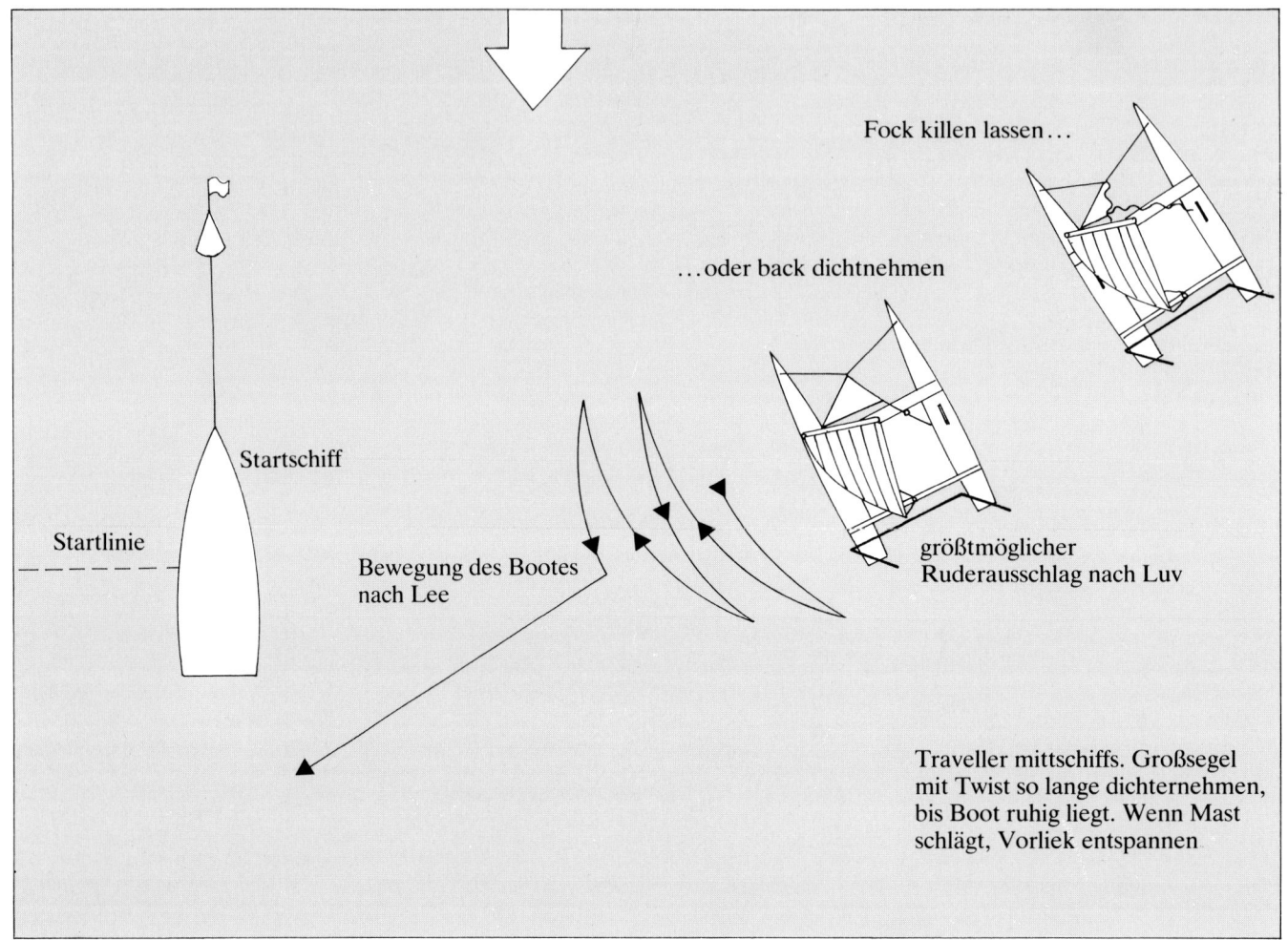

Fock killen lassen…

…oder back dichtnehmen

Startschiff

Startlinie

Bewegung des Bootes nach Lee

größtmöglicher Ruderausschlag nach Luv

Traveller mittschiffs. Großsegel mit Twist so lange dichternehmen, bis Boot ruhig liegt. Wenn Mast schlägt, Vorliek entspannen

Beidrehen vor dem Start

Sie die Fock auch backsetzen. Mit diesem Manöver drehen Sie praktisch bei (Zeichnung oben). Wenn Sie zusätzlich den Vorliekstrecker des Großsegels lösen, hört auch der Mast auf zu schlagen.

Achten Sie auf Sonderflaggen auf dem Startprahm: Schwimmwesten-, Bahnverkürzungs-, Bahnrichtungs-, Klassenflagge. Oft wird auf Tafeln auch der rechtweisende Kurs zur Luvtonne angegeben. Diesen sollten

Sie sich notieren. Sobald die Startlinie ausgelegt ist, prüfen Sie, ob eine Seite bevorzugt ist, und achten Sie auch auf den Bojenleger und die Position der Luvmarke. Diese muß Ihnen vor dem Start unbedingt bekannt sein.

Beobachten Sie den Wind auf Änderungen in Richtung (pendelnd oder gleichmäßig drehend?) und Stärke (kommen die Böen immer aus der gleichen Richtung, gibt es durch die

Umgebung bedingte Zonen von Böen?), und planen Sie so die Kreuz schon einigermaßen vor.

Achten Sie darauf, was die Konkurrenten machen und: Halten Sie sich frei!

Die meisten Katamarane gehen vor und während des Starts kaputt, nicht während des Rennens.

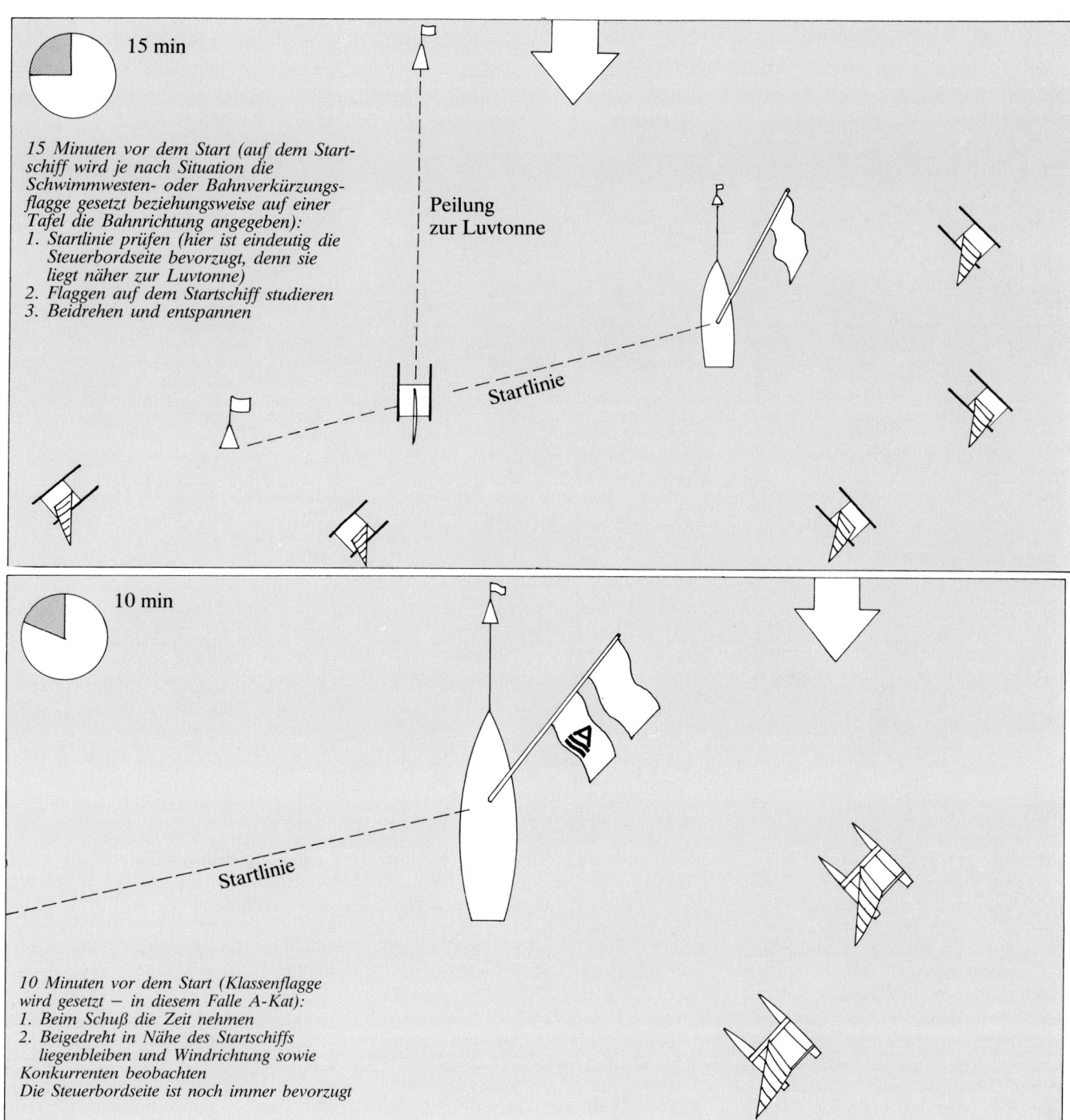

15 min

15 Minuten vor dem Start (auf dem Startschiff wird je nach Situation die
Schwimmwesten- oder Bahnverkürzungs-
flagge gesetzt beziehungsweise auf einer
Tafel die Bahnrichtung angegeben):
1. Startlinie prüfen (hier ist eindeutig die
   Steuerbordseite bevorzugt, denn sie
   liegt näher zur Luvtonne)
2. Flaggen auf dem Startschiff studieren
3. Beidrehen und entspannen

Peilung
zur Luvtonne

Startlinie

10 min

10 Minuten vor dem Start (Klassenflagge
wird gesetzt – in diesem Falle A-Kat):
1. Beim Schuß die Zeit nehmen
2. Beigedreht in Nähe des Startschiffs
   liegenbleiben und Windrichtung sowie
Konkurrenten beobachten
Die Steuerbordseite ist noch immer bevorzugt

Startlinie

125

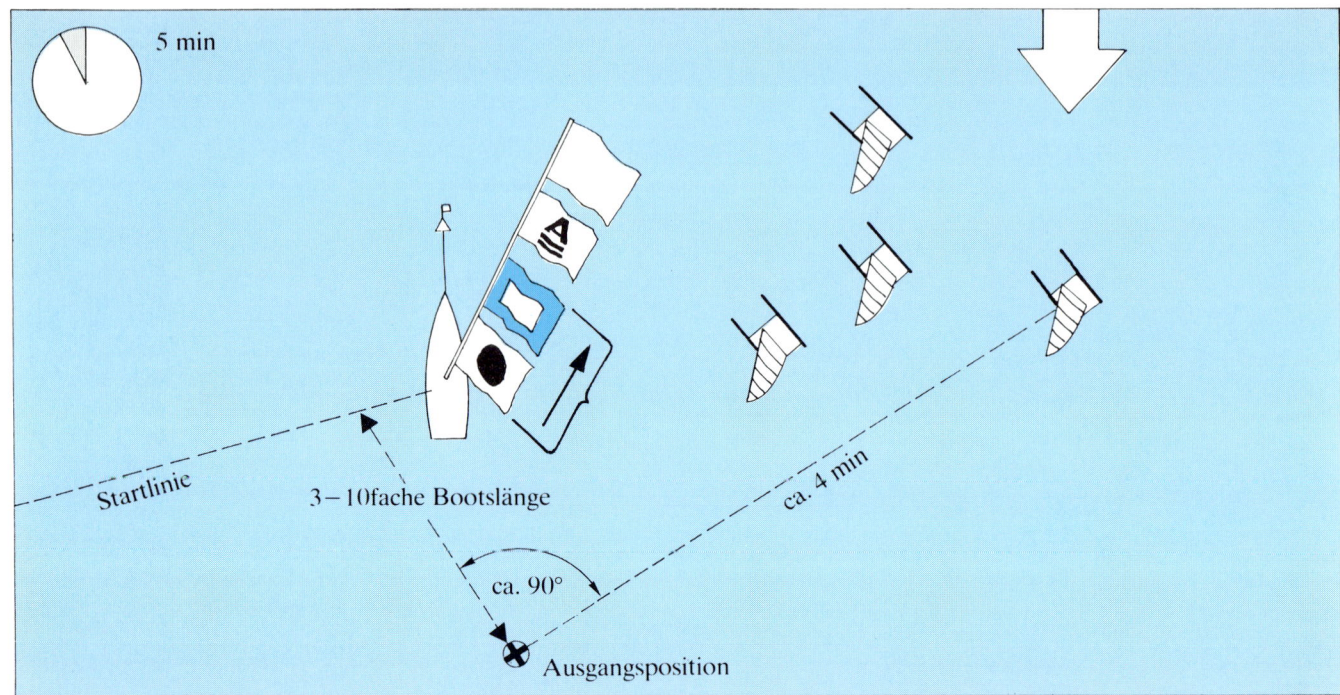

5 min

Startlinie

3–10fache Bootslänge

ca. 90°

ca. 4 min

Ausgangsposition

Oben:

5 Minuten vor dem Start (der Blaue Peter wird gesetzt – weißes Rechteck auf blauem Grund) und eventuell die 1-Minuten-Flagge „India" (schwarzer Ball auf gelbem Grund):
1. Beim Schuß die Zeit kontrollieren
2. Den Kat so hinlegen, daß er in den nächsten vier Minuten zur Ausgangsposition treibt, oder so segeln, daß das Boot eine Minute vor dem Start dort liegt

Die Ausgangsposition ist je nach Windstärke etwa drei bis zehn Bootslängen von der Startlinie entfernt. Von dieser Position aus kann auf normalem Kreuzkurs die Innenseite der Startbegrenzung durchsegelt werden

Rechts oben:

1 Minute vor dem Start (die Flagge India wird – falls gesetzt – mit dem Hupton gestrichen):
1. Durch gefühlvolles Dichtnehmen der Schoten möglichst hoch am Wind so auf die Startlinie zulaufen, daß man sie in genau 60 Sekunden erreicht
2. Eventuell Trapez einhängen
3. Gegebenenfalls „Reindränger" durch lauten Zuruf warnen, unter Umständen mit Protest drohen

A, B, C und D sind in dieser Reihenfolge in recht guter Ausgangsposition. E, F und G befinden sich in der unzulässigen „Reindrängerposition" und sollten gewarnt werden!

Rechts unten:

Start (Klassenflagge und Blauer Peter werden gestrichen):
1. Zehn Sekunden vor dem Start die Sekunden im Geiste mitzählen, die Schoten dichtnehmen und mit dem Startschuß mit Tempo über die Startlinie segeln
2. Unmittelbar nach dem Start auf Geschwindigkeit fahren, nicht Höhe knüppeln, damit man im freien Wind bleibt

A, B und C starten am besten. E, F und G haben viel gelernt

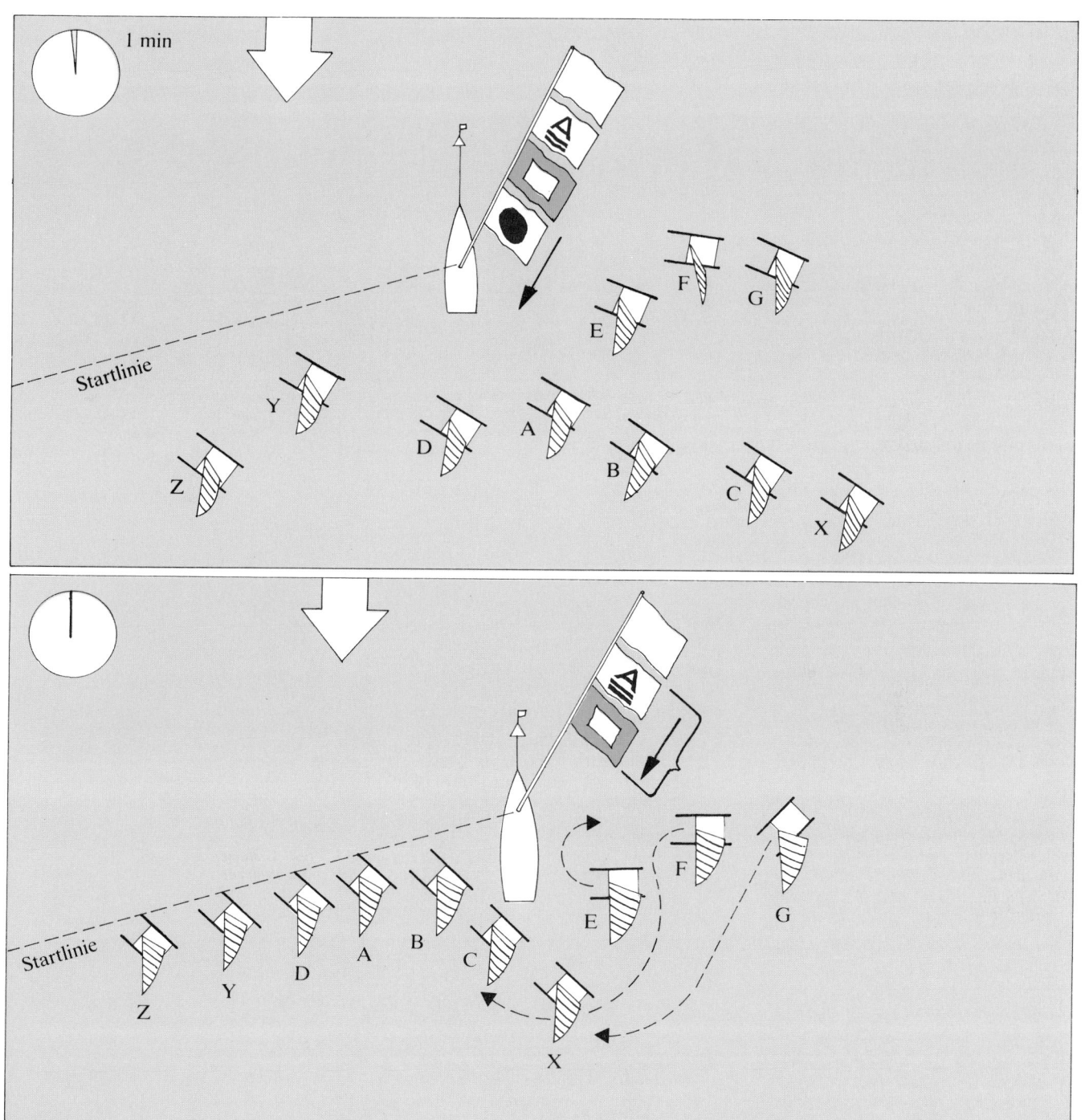

Bis zum Zeitschuß sollten Sie genügend Zeit haben, einen letzten Blick über das Schiff zu werfen, ob wirklich alles in Ordnung ist. Beim zweiten Schuß kontrollieren Sie die Übereinstimmung Ihrer Uhr mit dem Schuß und segeln dann langsam dorthin, von wo aus Sie starten wollen. Wenn sich herausstellt, daß es in dem von Ihnen ausgesuchten Bereich beim Start zu eng werden wird, dann halten Sie sich unbedingt frei, und starten Sie lieber mit freiem Wind in Lee des Pulks.

Zwei Minuten vor dem Start bringen Sie Vorlieken und Unterlik sowie Traveller in die vorher erprobten Stellungen. Spätestens jetzt muß Ihre Startstrategie feststehen, sonst schaffen Sie es vermutlich nicht mehr. Entscheidungen des letzten Augenblickes sind selten die besten!

Immer noch halten Sie sich mit minimaler Fahrt dort auf, von wo aus Sie — im Idealfall fliegend — starten wollen. Eine Minute vor dem Startschuß hängt der Vorschoter sein Trapez ein, und Sie laufen langsam auf eine Position direkt hinter der Linie zu. Achten Sie unbedingt darauf, daß nach Lee mindestens eine Bootsbreite Raum zum Abfallen bleibt. Etwa 15 Sekunden vor dem Start sollten Sie auf einer Position sein, die je nach Windstärke etwa ein bis drei Bootslängen hinter der Linie liegt, und die Segel dichtnehmen, um genau mit dem Schuß mit Volldampf über die Linie zu gehen.

Diese Art zu starten ist die einzige, mit der Sie wirklich gut vom Start wegkommen. Sicher ist es nicht zuletzt eine Frage guter Nerven, mit voller Geschwindigkeit auf die Linie zuzusegeln; anfangs werden da ganz schön die Nerven flattern. Denken Sie jedoch daran, daß wer nach dem Start hinter Ihnen liegt, nicht mehr überholt werden muß.

Üben Sie diese Startmethode immer wieder; als Startlinie eignet sich praktisch jede Peilmöglichkeit, die quer zum Wind liegt: längere Stege, Bojenreihen, Landmarken usw. Mit zunehmender Übung bedarf es stets geringer werdender Selbstüberwindung, und Sie werden nahezu unbeschwert auf die Linie zuschießen können.

Warten Sie mit dem Dichtholen nicht bis zum Schuß — den hören Sie um so später, je weiter Sie sich in Lee befinden. Da alle startenden Katamarane mit ihren Hochleistungsriggs gleichzeitig die Segel dichtnehmen, herrscht plötzlich eine Stille wie in der Kirche — nichts geht mehr.

Die Kreuz

Erstes Gebot nach dem Start ist, sich nach Möglichkeit freizusegeln. Segeln Sie ganz ohne Taktik. Vermeiden Sie also taktische Auseinandersetzungen und vor allem Zweikämpfe, bei denen es in dieser Phase des Rennens meist nicht allein einen lachenden dritten, sondern auch noch einen lachenden Pulk von Mitseglern gibt. Beobachten Sie den Winkel zur Luvtonne genau, legen Sie aber erst dann um, wenn Sie sicher sind, daß das lange Bein zum kurzen wird. Wenden Sie nicht zu oft! Jede Wende kostet Zeit und damit Strecke. Bei zehn Knoten Bootsgeschwindigkeit brauchen Sie für eine Wende etwa vier Sekunden; dies entspricht einer Strecke von annähernd 20 Metern und damit rund dreieinhalb Bootslängen!

Wenn sich für die Kreuz keine bevorzugte Seite erkennen läßt, ist es sicherer, in der Mitte zur Luvtonne

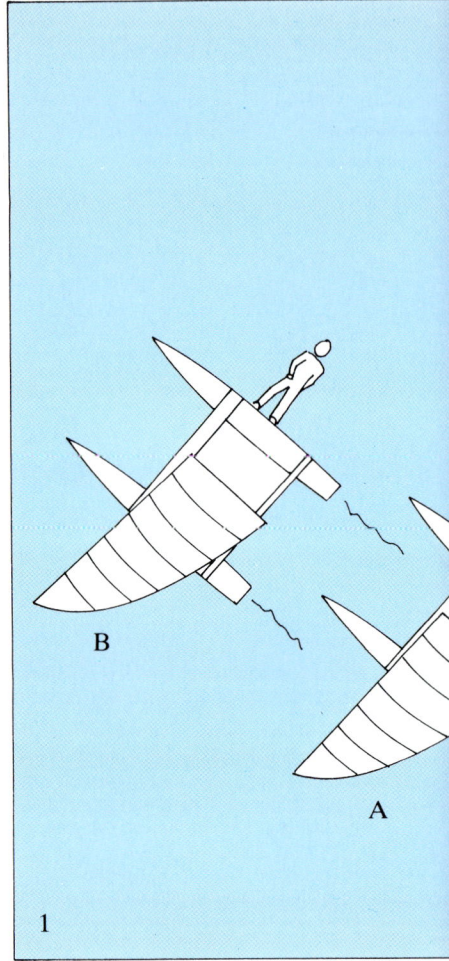

1

zu segeln und die vier dazu nötigen Wenden zu riskieren. Von der Mitte aus können Sie beide Seiten gleich gut beobachten und so feststellen, welche den besseren Wind hat. Merken Sie sich diese Seite für die nächste Kreuz und die Vorwindkreuz vor.

Der Angriff

Der voraus liegende Gegner wird immer versuchen, durch Anluven bis zum Knüppeln zu verhindern, daß

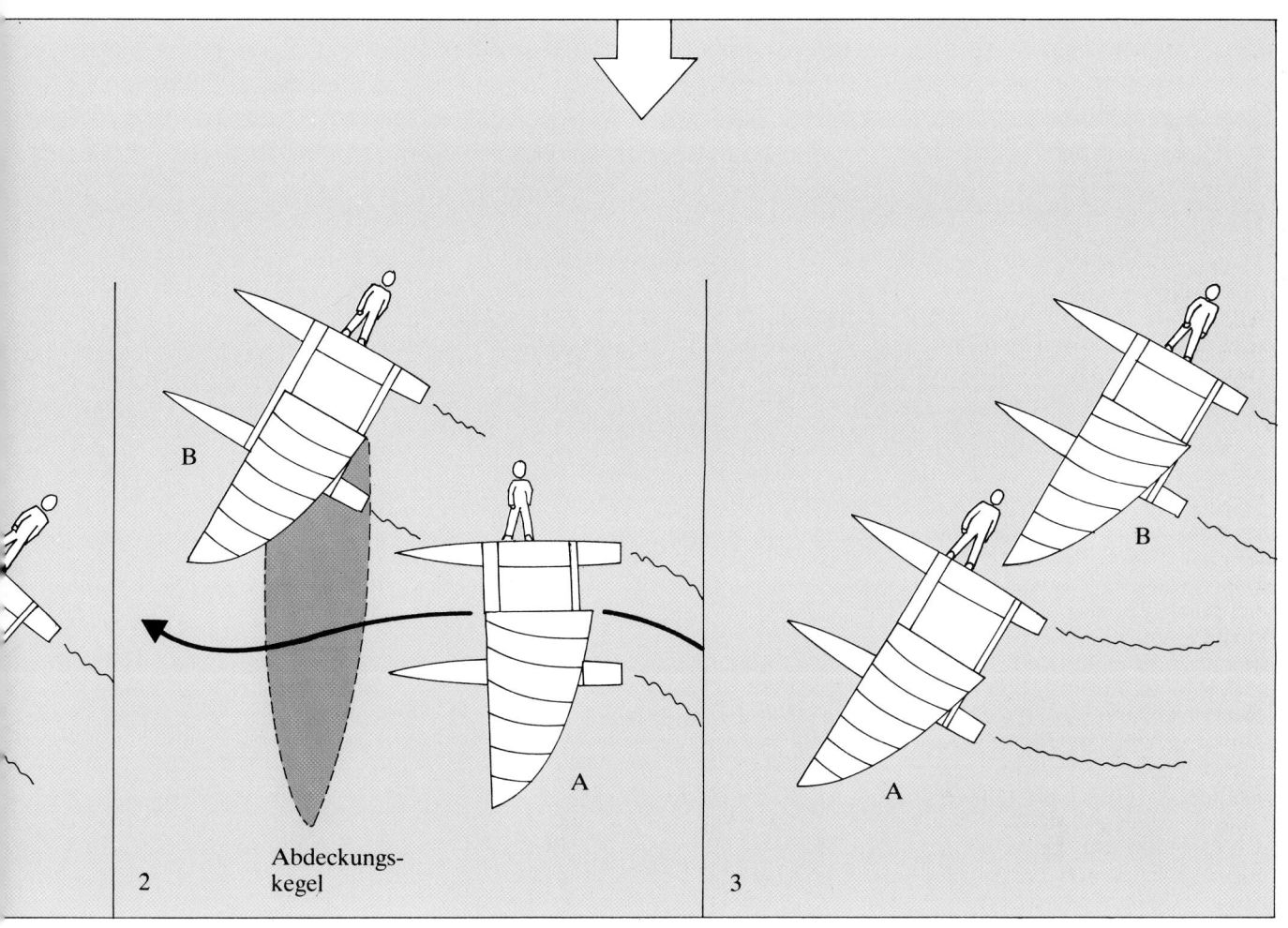

Abdeckungs-
kegel

2

3

Sie in Luv vorbeiziehen. Ziehen Sie nur vorsichtig mit, auf gar keinen Fall höher als der Gegner, und fahren Sie so dicht auf, wie Sie es wagen (und vorher schon ausprobiert haben!). Lauern Sie in dieser Position, bis der Gegner einen Augenblick lang abgelenkt ist. Fallen Sie dann deutlich um etwa 20 Grad ab, öffnen Sie die Segel etwas, und fahren Sie weit nach Lee durch die Abdeckung (Zeichnung oben und Fotos S. 130). Das kann Sie locker zehn Meter Höhe kosten, wird aber meist dadurch

wettgemacht, daß ein Skipper, der erst mal zu hoch fährt, dies meist auch weiterhin tut.
Wenn Sie dieses Manöver auf Backbordbug fahren wollen, schätzen Sie vorher ab, ob der verbleibende Schlag lang genug ist, um die Wende noch vor dem geschlagenen Gegner hinzubekommen.
Liegt der Gegner leicht in Lee voraus, dann gibt es nur eine Art des Angriffs: abfallen und versuchen, ihn durch die schnellere Fahrt in Luv zu überlaufen und unter Kontrolle zu bekommen.

Der Leedurchbruch:

1 A greift B an: A läuft hinter B auf etwa eine halbe Bootslänge auf

2 Wenn B unaufmerksam ist oder gerade mit einer Bö kämpft, fällt A stark ab und durchbricht mit der höheren Geschwindigkeit den Windabdeckungskegel von B (mindestens drei Bootsbreiten in Lee!)

3 Jetzt kann A seine ursprüngliche Geschwindigkeit und den alten Kurs weiterfahren. Achtung: A hat jetzt gegenüber B nicht das übliche Luvrecht als Leeboot. A muß sich so freisegeln, daß er gefahrlos vor B umlegen kann

Der Leedurchbruch, demonstriert mit zwei Topcats: Das Boot mit dem hellen Segel greift auf dem Kreuzkurs von achtern auflaufend jenes mit dem dunklen Segel an

Dieses versucht durch Anluven den Angriff abzuwehren

Hier hat es geklappt: Das Boot mit dem hellen Segel vermochte sich freizusegeln, kann jetzt − allerdings etwas weiter in Lee − wieder anluven und auf den alten Kurs zurückgehen

Die Verteidigung

Kommt der Angreifer von achtern und versucht er, in Lee durchzubrechen, hilft nur Aufmerksamkeit. Belauern Sie den gegnerischen Steuermann (Technik und Taktik auf Ihrem eigenen Boot kann inzwischen der Vorschoter übernehmen), und fallen Sie mit ihm ab, wenn er den Angriff einleitet (Fotos S. 132/133). Ist es ihm gelungen, sich deutlich von Ihnen zu lösen und seine Geschwindigkeit zu erhöhen, können Sie nur noch abfallen, um ihn mit gleicher Geschwindigkeit im Abdeckungskegel zu halten.

Kommt der Angreifer von Luv und fällt auf Sie ab, versuchen Sie mit leichtem Abfallen mehr Geschwindigkeit zu holen, um vorne zu bleiben.

Das Boot mit dem hellen Segel luvt zunächst zum Schein mit, bis es knapp auf Höhe des Spiegels des Kontrahenten ist, und fällt dann deutlich hinter ihm ab

Wichtig ist, so stark abzufallen − am besten mit einer Bö −, daß das Boot spürbar schneller wird, um durch den Windabdeckungskegel in Lee des Kontrahenten durchbrechen zu können

> Wenn ein Gegner auf gleichem Kurs deutlich mehr Geschwindigkeit läuft, als man selbst herausholen kann, soll man ihn laufen lassen.

Konzentrieren Sie sich statt dessen darauf, Ihren Katamaran ruhig zu halten und sorgfältig auszubalancieren; jedes Zurückfallen in die Welle bremst das Boot ruckartig ab. Den Wendewinkel Ihres Katamarans sollten Sie genau kennen − er ist von Typ zu Typ verschieden. Als Anhaltspunkt können für schwertlose Kats etwa 115 bis 125 Grad gelten, für Kats mit Schwert etwa 95 Grad. Bedenken Sie, daß sich dieser Winkel bei viel Wind und Welle entsprechend vergrößert.

Wichtig ist die genaue Kenntnis des Wendewinkels besonders auf dem letzten Schlag vor dem Anlieger zur Tonne (Zeichnung S. 132). Winddrehungen und Schätzfehler sollten Sie je nach Distanz mit zehn bis 70 Meter Zugabe einkalkulieren.

> Nie an der Tonne oder um die Tonne wenden!

Soll die Luvtonne beim Runden an Backbord gelassen werden, segeln Sie auf Backbordbug um die Tonne, soll sie an Steuerbord gelassen werden, auf Steuerbordbug. Vergessen Sie Wegerecht und Innenposition, denn dasjenige Boot, das ohne zu wenden allein durch Abfallen um die Luvmarke geht, wird immer die Nase vorn haben.

Zeichnet sich an der Tonne Gedränge ab, dann ist es taktisch klüger, lieber etwas weiter anzufahren und außen um den Pulk herumzugehen, als in das Chaos hineinzudrängeln − und wenn man zehnmal Wegerecht hat. „Reißen" Sie Ihren Kat auch nicht ruckartig um die Tonne nach Lee, er würde dadurch nur unnötig gebremst. Fahren Sie das Boot weich abfallend herum, und versuchen Sie, aus der Kreuz möglichst viel Geschwindigkeit mit auf den Raumkurs zu nehmen.

Unten:
Die letzte Wende vor der Luvtonne:
1 Richtig: Die letzte Wende zur Tonne
  hin im richtigen Moment ansetzen!
  Distanz A soll nicht größer sein als
  etwa 1500 m, da das Abschätzen mit
  zunehmender Entfernung schwieriger
  wird. B soll je nach Distanz A zwischen
  drei Bootsbreiten und etwa 70 m
  betragen
2 Falsch: Die letzte Wende ist zu tief
  angesetzt! Während Sie zweimal
  zusätzlich wenden, macht die
  Konkurrenz 50 m gut
3 Falsch: Die letzte Wende ist über-
  zogen. B kann trotz höherer Geschwin-
  digkeit beim Abfallen die „über-
  zogene Distanz" gegenüber A nicht mehr
  gutmachen

Abwehr Leedurchbruch: Das Boot mit
dem hellen Segel luvt hinter dem Boot
mit dem dunklen Segel an

Dunkel luvt zum Schein mit und beobachtet
Hell aufmerksam.

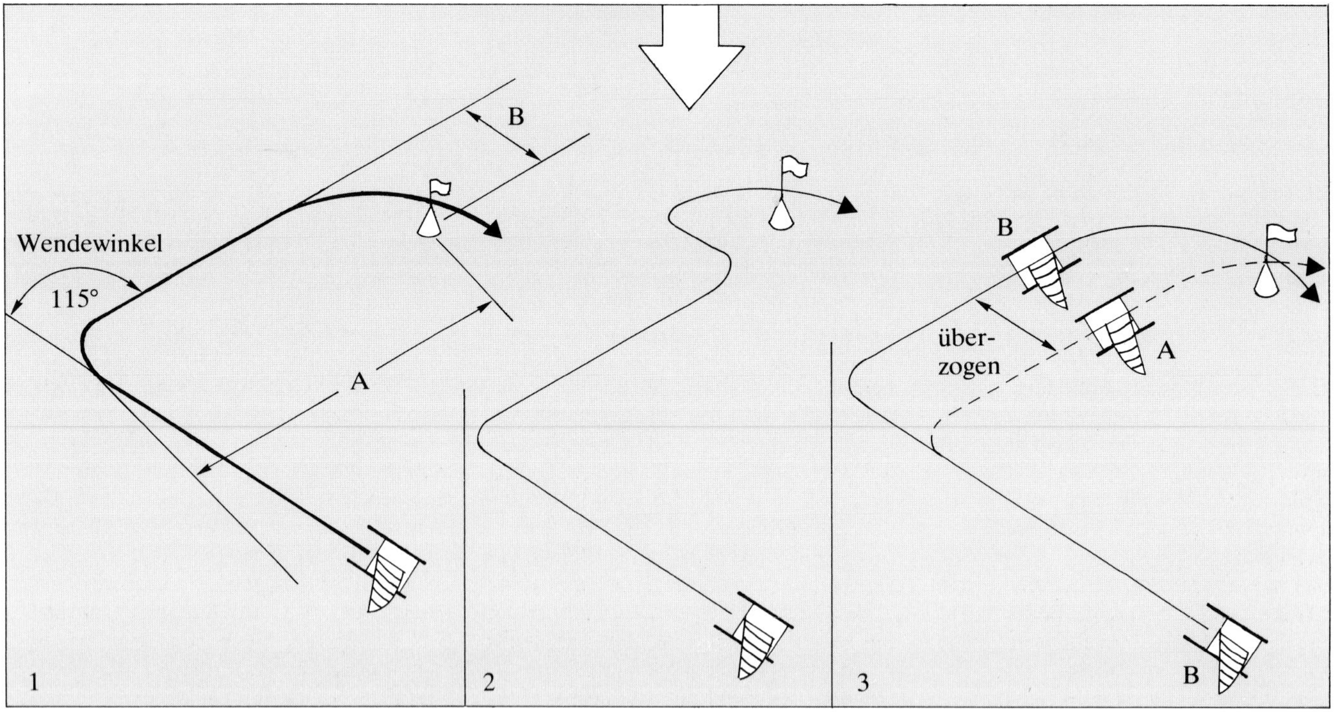

Wendewinkel

115°

B

A

über-zogen

B

A

B

1
2
3

In dem Moment, in dem Hell plötzlich abfällt, um zum Leedurchbruch anzusetzen, fiert Dunkel auf und fällt sofort mit ab

Dunkel achtet konzentriert darauf, daß Hell immer im Abdeckungskegel bleibt

Der Leedurchbruch von Hell kann als gescheitert angesehen werden, da er sich aus dieser Abdeckung nur sehr schwer wieder befreien kann

Die Raumschenkel

Ist man frei, das heißt ohne Gegner in unmittelbarer Nähe, segelt man den direkten Kurs zur Raumtonne und fährt konzentriert nach Strömungsfäden und mit ständiger Schotenarbeit höchstmögliche Geschwindigkeit.

Stecken Sie in einem Pulk fest, versuchen Sie, sich den Raum in Luv freizuhalten, damit Sie sich bei einem Angriff verteidigen können. Dazu kann es unter Umständen nötig sein, in einem leichten Luvbogen zur Leetonne zu segeln.

Bleiben Sie unangegriffen, nutzen Sie die Böen aus, um Tiefe zu bekommen, denn Tiefe ist zur Abwehr von Angriffen unbedingt nötig.

Einen Leebogen zu segeln, ist nur dem klar voraus liegenden Boot zu empfehlen, das sich durch seinen Vorsprung trotz des Leebogens noch alle Abwehrmöglichkeiten bewahren kann. Wenn Ihnen ein Gegner an den Hecks klebt, vergessen Sie den Leebogen besser, sonst hat er Sie schneller in der Abdeckung, als Sie es für möglich halten. Können Sie sich den Leebogen leisten, dann gilt, daß sich dieser um so eher rentiert, je achterlicher der Wind einfällt. Kommt der Wind sehr achterlich ein, sollten Sie sich überlegen, ob Sie sich nicht durch einen kurzen Leebogen aus einer Abdeckung lösen können. Bevor Sie jedoch nach Lee ausbrechen, versuchen Sie abzuschätzen, ob die Boote über Ihnen nicht demnächst in einem Luvkampf oder einem allgemeinen Luvbogen nach Luv wegziehen. In diesem Fall halten Sie Ihren Kurs.

> Wer luvt, muß auch wieder abfallen und wird dann in der Regel langsamer werden.

In der Regel ist es vorteilhaft, einer Bö entgegenzufahren (Zeichnung S. 134 oben). Donnert jedoch ein Pulk hinter Ihnen her, dann bringt Luven vor der Bö nichts, da Sie dann eine schlechte Ausgangsposition für Ihre Abwehr haben, wenn die Bö erst da ist.

Das ist eine rechte Nervensache. Aber wenn Sie einmal die Nerven hatten und mit dem Luven gewartet haben, bis die Bö da war, wird Ihnen der Erfolg für die Zukunft die Geduldsprobe erleichtern.

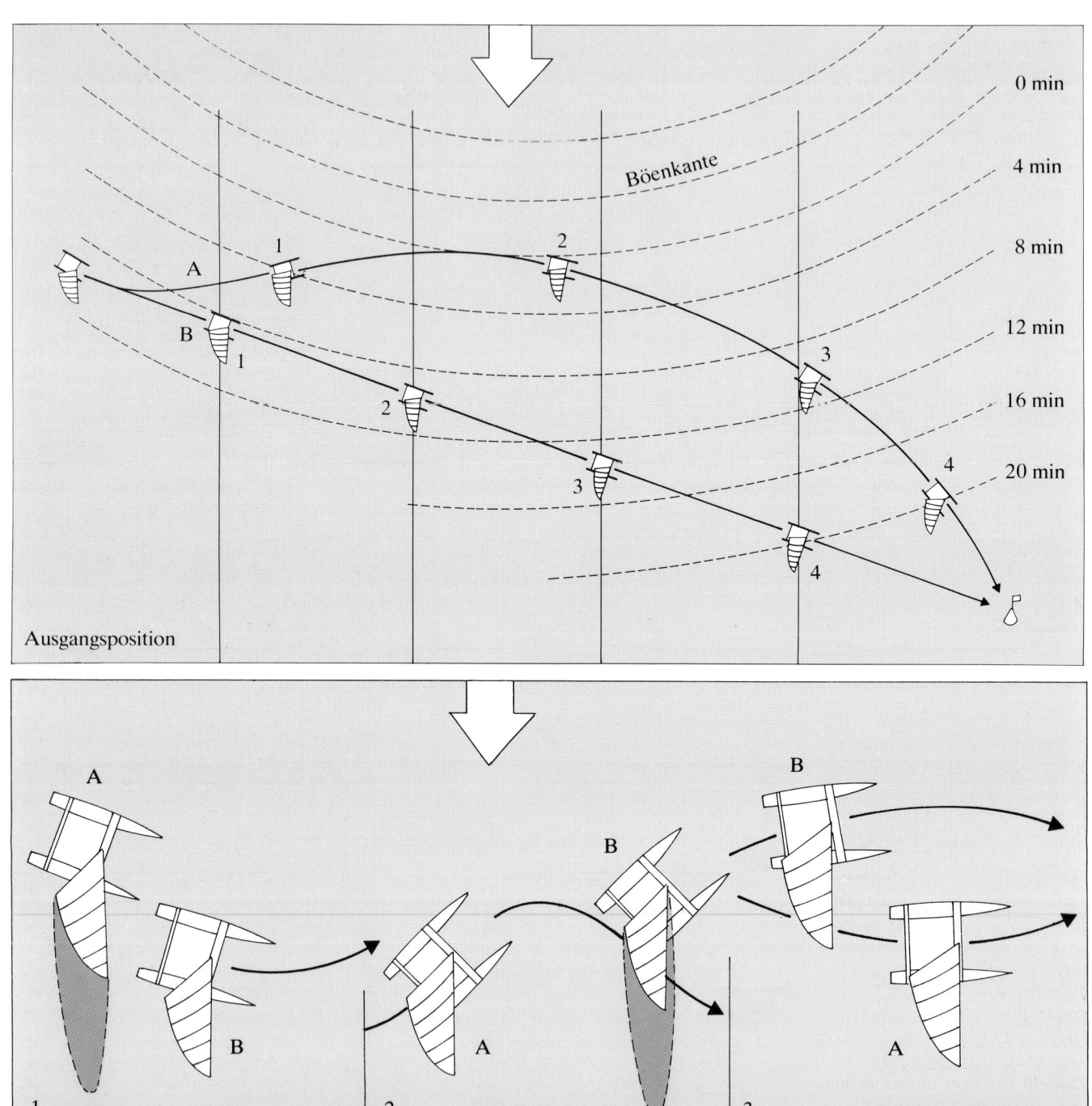

Böenkante

0 min
4 min
8 min
12 min
16 min
20 min

Ausgangsposition

134

Links:
Raumschotskurs mit Böen
Ausgangsposition: A hat die Bö erkannt und luvt ihr entgegen, B fährt den kürzesten Weg weiter. A wird durch Luven bereits schneller
1 A hat die Bö schon erreicht und wird jetzt trotz Abfallens deutlich schneller. B fährt noch das alte Tempo ohne Bö
2 A kann in der Bö tiefer und schneller laufen; B hat die Bö immer noch nicht zu fassen bekommen
3 Jetzt erst erreicht B die Böenkante
4 Nun läuft zwar B etwas schneller als A, kann dessen Vorsprung bis zur Tonne aber nicht mehr wettmachen

Links unten:
Der Angriff raumschots
1 A greift B an, A versucht durch Überlaufen in Luv, B in seinen Windabdeckungskegel zu bringen. Normalerweise wird B diesen Angriff durch Luven abwehren
2 Die Finte: A luvt zum Schein mit, holt sich dadurch Geschwindigkeit – am besten mit einer zusätzlichen Bö – und durchbricht dann mit der höheren Fahrt den relativ schmalen Windabdeckungskegel von B in Lee
3 Bis B das alles richtig spitzkriegt, muß A so weit voraus sein, daß er nun seinerseits B luven darf (entsprechend der Steuermann-Mast-Regel der Internationalen Wettsegelbestimmungen)

.

Der Angriff

Die besten Voraussetzungen für einen erfolgreichen Angriff bietet Ihnen eine kräftige Bö, die nicht zu kurz sein sollte. Sie fahren wieder sehr dicht auf den Angegriffenen auf und versuchen, mit dem Einfallen der Bö weich, aber energisch anzuluven, schneller zu werden und den Gegner in Luv zu überlaufen (Zeichnung links unten). Segeln Sie nicht zu weit in Luv an ihm vorbei, damit Sie ihn durch die Abwinde aus Ihren Segeln bremsen und ihn besser unter Kontrolle halten können.
Reagierte der so Angegriffene richtig

und rechtzeitig durch Luven, dann können Sie dank der Bö abfallen und mit mehr Geschwindigkeit als der Gegner (Sie fahren ja praktisch einen Beschleunigungsbogen) einen Tiefenbogen segeln. Bei diesem Manöver ist Ruhe im Schiff beinahe das Wichtigste, denn nur mit einem ruhig laufenden Schiff besteht die Chance, schneller zu sein als andere.

Die Verteidigung

Erst wenn Sie sicher sind, daß Sie durch einen Zweikampf nicht gleich mehrere Plätze verlieren können (etwa weil inzwischen in Lee ein ganzer Pulk durchbricht), lassen Sie sich herausfordern.
Wichtig ist, daß Sie das Anluven des hinter Ihnen liegenden Gegners sofort erkennen. Beobachten Sie den gegnerischen Steuermann also ganz genau, vor allem die Pinnenführung, die einen Kurswechsel am schnellsten verrät. Ihre eigene Reaktion, die ja immer geringfügig später erfolgt als die Aktion des Gegners, sollte dann etwas energischer ausfallen als die, die den Angriff auslöst.
Versuchen Sie, den Gegner unter Kontrolle zu halten, bis die Bö vorbei ist; danach haben Sie nämlich die besseren Karten.
Wichtiger noch als die Abwehr eines einzelnen Gegners ist die Abwehr eines Pulks, der Anstalten macht, Sie in Luv zu überlaufen (Zeichnung S. 136 oben). Wenn Sie es nicht schaffen, den Angriff abzuwehren, werden Sie einige Plätze weiter hinten landen. Beobachten Sie daher genau, ob die in Luv achteraus liegenden Boote anfangen, höherzuziehen, um die für dieses Manöver nötige Geschwindigkeit zu bekommen. Die ideale Ausgangsposition für die Verteidigung ist leicht in Lee vor dem Pulk, in die Sie sich rechtzeitig segeln sollten, um

ohne Hektik einen geballten Angriff abwehren zu können.
Während der Durchbruch eines einzelnen Gegners nicht so schlimm ist und daher auch mal geduldet werden kann, ist die Abwehr eines Massenangriffs ein Muß!
An der Raumtonne leiten Sie die Halse mit leichtem Ruderlegen ein, um nicht zuviel Geschwindigkeit zu verlieren. Werden Sie zu stark abgebremst, kommen Sie nämlich nahezu automatisch in die Abdeckung der nachfolgenden Boote. Selbst wenn Sie sehr schnell um die Tonne halsen, schauen Sie sich sofort nach den folgenden Booten um, und segeln Sie sich aus deren Abwinden gut frei.
Die Beobachtung des Verfolgerfeldes bringt Ihnen aber noch einen weiteren Vorteil: Einfallende Böen sind nicht zu übersehen, und ihre Stärke und Richtung lassen sich zweifelsfrei exakt bestimmen. Erkennen Sie eine Bö, so segeln Sie sofort zu ihr hin. Die Höhe, die Sie dafür aufwenden, können Sie in der Regel durch Abfallen in der Bö mehr als wettmachen.
Die Leetonne fahren Sie in einem weiten Bogen an (Zeichnung S. 136 unten), um nach dem Anluven eng an der Tonne auf die Kreuz zu gehen. Während dieses Hochziehens vor dem Runden der Tonne trimmen Sie Rigg und Boot für den Amwindkurs, damit Sie nach der Tonne ohne Zeitverlust optimal auf Höhe segeln können.
Aus den gleichen Gründen sollten Sie auch nie um die Leetonne halsen. Selbst wenn Sie auf dem idealen Weg um die Marke herumkommen sollten (was mehr als fraglich ist) – die Zeit zur Einstellung des Kreuztrimms bleibt Ihnen bestimmt nicht. Luven Sie deshalb auch langsam an, damit Sie keine Geschwindigkeit verlieren, sondern gewinnen.

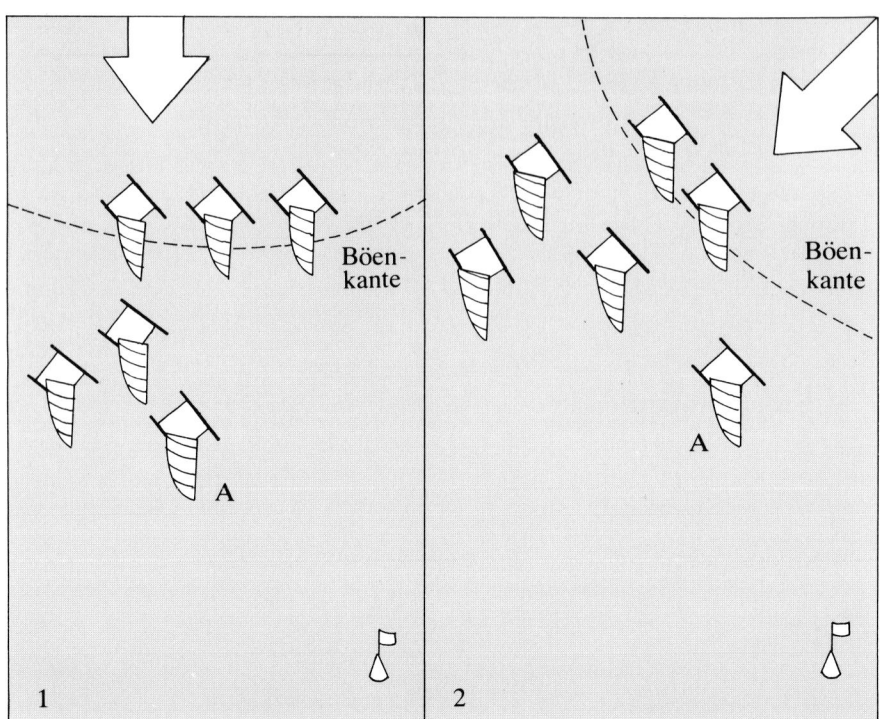

Der Pulk kommt von achtern mit einer Bö:
1 bei sehr achterlichem Wind:
  A muß die Nerven behalten und seinen Kurs weitersegeln, bis die Böenkante auch ihn erreicht
2 bei mehr halbem Wind:
  A sollte nach Luv laufen, um die Böenkante zu erreichen und um dann mit der höheren Geschwindigkeit wieder Tiefe zu gewinnen

Runden der Leetonne ohne Gegner. Nur wer die Leetonne weit außen anfährt, kann danach eng hochziehen und sich so Weg nach Luv sparen

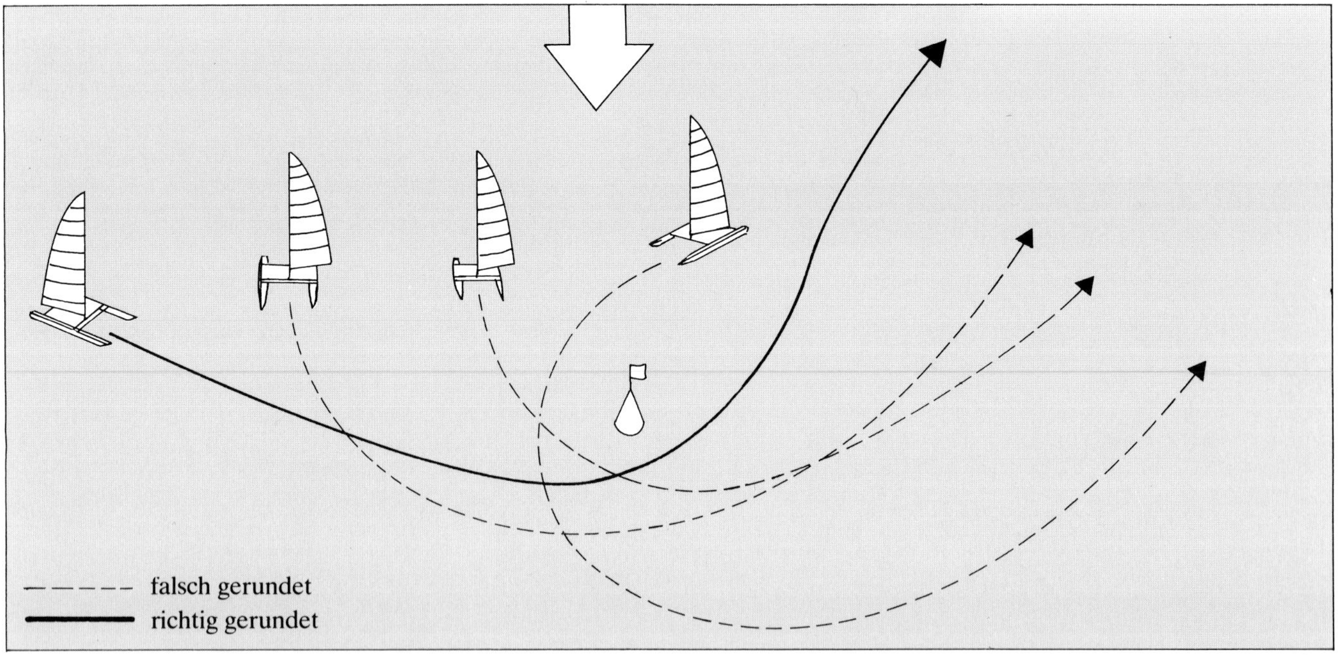

------ falsch gerundet
—— richtig gerundet

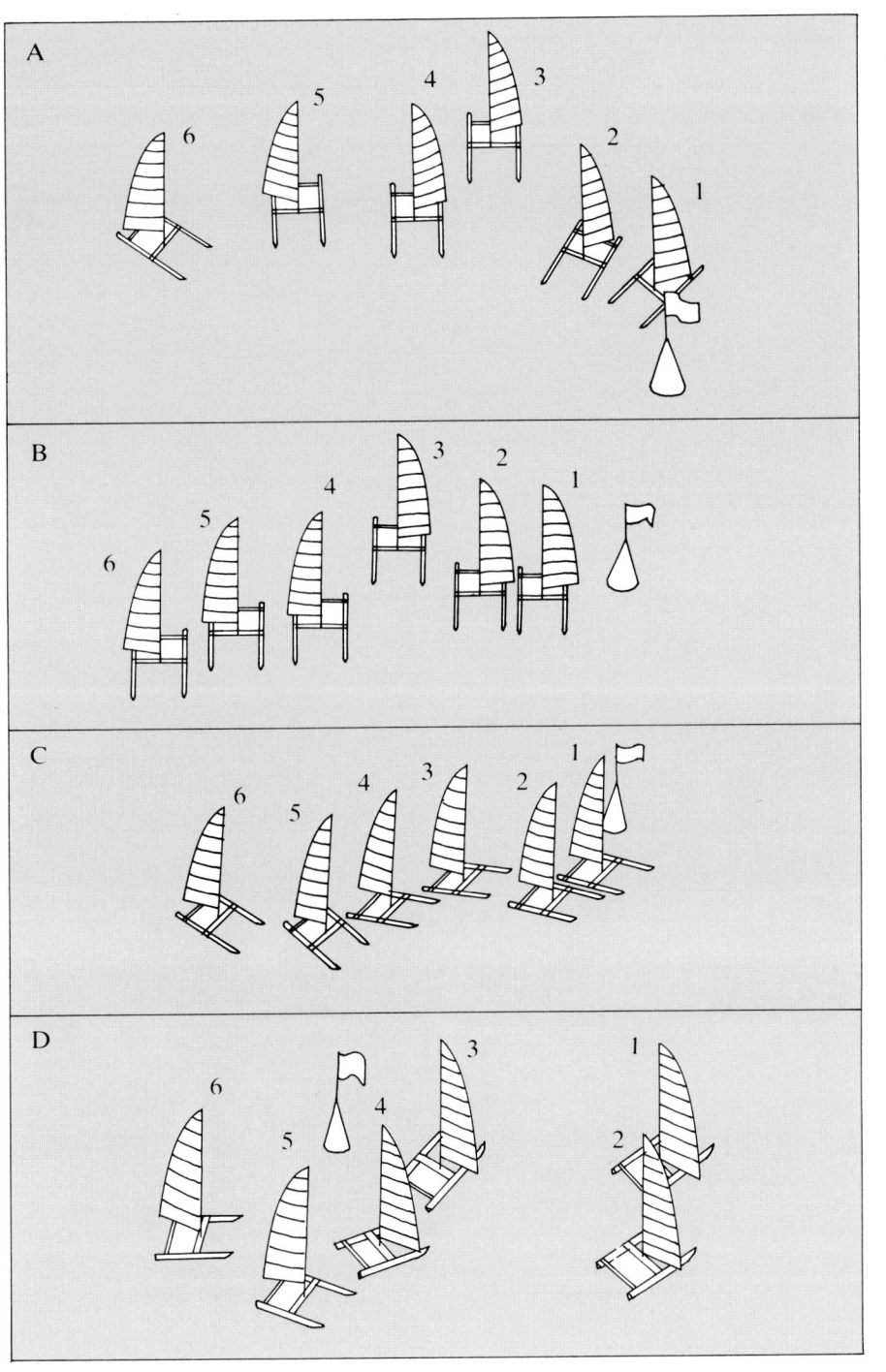

Runder der Leetonne im Pulk:

A = Das Chaos zeichnet sich ab − obwohl 1 und 2 sich in Wegerechtsposition befinden, sind sie für ein weiches Runden zu nahe an der Tonne

B = Bis auf 3 kann kein Boot hereindrehen, keiner hat den Bug frei. Nur 3 konnte sich durch „Notbremse" den Bug freihalten

C = Bis auf 3 und 6 wird durch die Überlappung allen der Kurs diktiert. 1 und 2 kommen durch den großen Drehkreis weit nach Lee, während 3 am Faß sofort hochziehen kann

D = Für 3 und 6 hat sich das Freihalten gelohnt, 1 und 2 mußten Lehrgeld bezahlen

137

Wenn Sie in einem Pulk an die Leetonne kommen, muß Ihre Devise „Platz nach Lee" heißen. Haben Sie diesen Platz nämlich nicht, dann sind Chaos und Bruch schon vorprogrammiert. Verzichten Sie also leichten Herzens auf den kürzeren Weg, und segeln Sie außen um den Pulk herum um die Tonne (Zeichnung S. 137). Obwohl innen liegende Boote Wegerecht haben, ist es sinnvoller, außen anzufahren und dann nach innen zu ziehen; das vorher innen liegende Boot kann gar nicht so eng um die Tonne segeln, daß Ihnen nicht Platz genug bliebe, hinter dem Heck des anderen hochzuziehen und aus einer günstigeren Position heraus auf die Kreuz zu gehen als der Gegner. Beliebt ist in solchen Situationen, daß das vor der Tonne innen liegende Boot auf Sie abfällt, um solches Vorhaben abzublocken. Machen Sie dem Skipper unmißverständlich klar, daß dies regelwidrig ist. Zur Not können Sie auch kurz die Bremse ziehen.

> An der Leetonne im Pulk immer außen bleiben und die Leetonne weit anfahren, um keine Höhe für die Kreuz zu verschenken.

Auf der Vorwindstrecke

Die gerade beschriebenen Manöverkriterien für die Leetonne gelten natürlich auch dann, wenn die Katamaranflotte nach der Vorwindstrecke dort anlangt.
Taktische Duelle auf der Vorwindkreuz sind außerordentlich selten. Das ist leicht einzusehen, bringt doch eine optimal gefahrene Vorwindkreuz mehr als selbst ein Dutzend gewonnene Zweikämpfe; und die Gefahr, daß eine ganze Gruppe lachender Dritter nach Lee davonzieht, während Sie sich mit einem Gegner anlegen, ist größer als auf jedem anderen Kurs.
Die wichtigste Taktik-Aufgabe für diesen Kurs muß denn auch lauten: Fahr dein eigenes Rennen! Dazu gehört selbstverständlich die Beobachtung der Gegner.
Während der erste Schlag der Vorwindkreuz in der Regel diktiert wird von dem Kurs, von dem aus Sie an der Luvtonne abfallen, können Sie den letzten Schlag frei wählen. Sie werden ihn vernünftigerweise so anlegen, daß er Sie ohne Halse um die Leetonne führen wird. Die davor anfallende Halse machen Sie zumindest so weit von der Tonne entfernt, daß Sie noch Platz genug für einen Beschleunigungsbogen haben (Zeichnung rechts). Da sich oft – gerade für den weniger Erfahrenen – erst kurz vor der Tonne sicher erkennen läßt, wer da so vor und nach einem an der Marke sein wird, sollte der Abstand aber auch nicht zu groß sein, damit Sie möglicherweise doch noch den einen oder anderen Gegner abfangen können.
Für den direkten Vorwindkurs gilt, daß jedes Duell Weg kostet, und gerade Weg ist der Faktor im Rennen, den Sie beim direkten Kurs nach Lee bei wenig Wind möglichst gering halten müssen. Sicher wird Ihnen die eine oder andere Mannschaft auf diesem Kurs überlegen sein; denken Sie nur an die extremen Leichtgewichte, denen eine schwerere Crew platt vorm Laken nie gewachsen sein kann. Lassen Sie solche Boote ruhig vorbei, und versuchen Sie, sich so frei wie möglich aus jeder Abdeckung herauszuhalten.

> Auf der Vorwindstrecke zählt in erster Linie die Bootsgeschwindigkeit; Taktik sollte die Ausnahme sein!

Die Zielkreuz

„Regatten werden auf der Ziellinie gewonnen" – eine richtige Erkenntnis. Der Grundstock dazu wird jedoch während des gesamten Rennens gelegt, nicht erst auf der Zielkreuz.
In der Regel ist das Feld, wenn die Spitzenboote in die Zielkreuz gehen, schon so weit auseinandergezogen, daß meist nur einzelne Vordermänner wieder „eingefangen" werden können. Wegen der größeren räumlichen Distanz zwischen den einzelnen Booten ist aber ein taktisches Duell auf der Zielkreuz auch insgesamt leichter durchführbar; braucht man doch nur selten zu befürchten, daß man allzu viele Plätze verliert. Unerläßlich für eine saubere Taktik auf der Zielkreuz ist, daß Sie schon vor dem Runden der Leetonne erkannt haben, wo die Ziellinie liegt und ob (wie fast immer) eine Seite davon begünstigt ist. Ohne einen Gegner in unmittelbarer Nähe fährt man dann sein eigenes Rennen auf diese Seite hin.

Der Angriff

Ist der Gegner durch Geschwindigkeit nicht zu überwinden, hilft meist nur noch ein Extremschlag. Dazu ist jedoch wichtig, daß sich kein drittes Boot in gefährlicher Nähe befindet, das dann möglicherweise vor einem ins Ziel geht, wenn der Trick mißlingt.

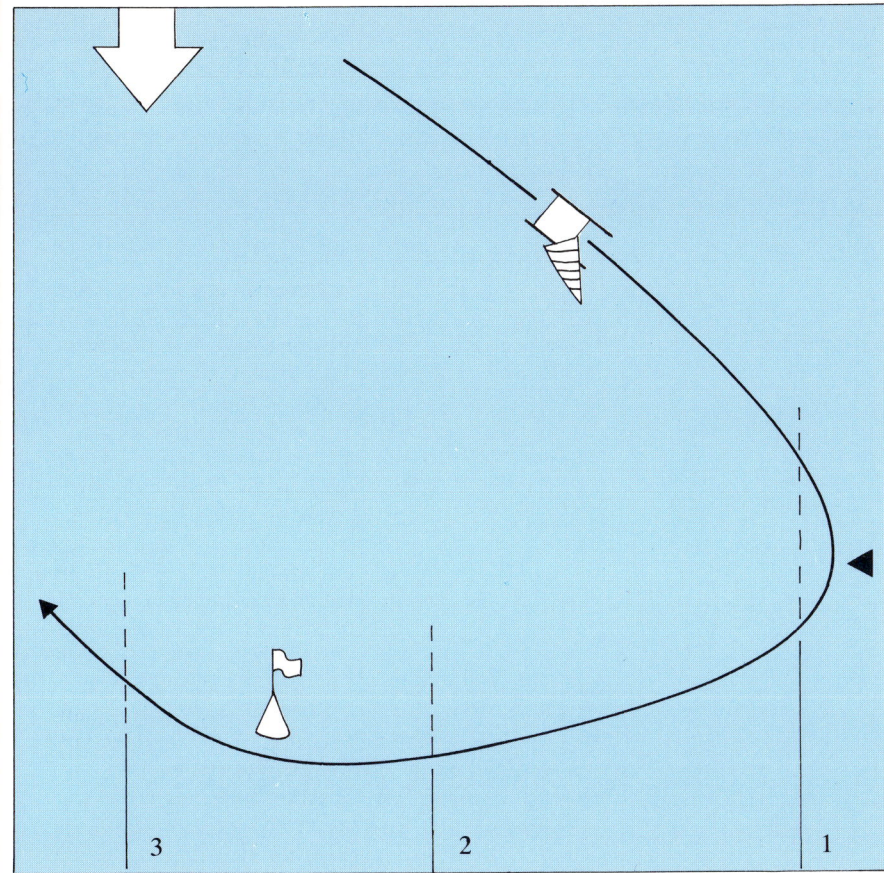

Halsen an der Leetonne:
1 Hier halsen
2 Beschleunigungsbogen
   − Traveller für die Kreuz einstellen
   − Schwerter absenken
   − Vor- und Unterliek für die Kreuz
     einstellen
   − Schoten und Blöcke ordnen
   − Mast einstellen
3 − Tonne weich runden
   − Nach der Tonne sofort hoch an den
     Wind und nach Möglichkeit die
     Halbwindgeschwindigkeit an die
     Kreuz mitnehmen
   − Schoten dicht

Denn ein Trick ist es. Wer einen Extremschlag macht, hofft darauf, daß der Steuermann des führenden Bootes nervös wird und dann einen taktischen Fehler macht, durch den man selbst aus der Bewachung ausbrechen kann. Weiter besteht natürlich durchaus die Chance, daß der Extremschlag etwas bringt, nur: Verlassen sollte man sich darauf nie! Den bei manchen Kielbootseglern beliebten Trick mit der „Beinahe-Wende" kann man sich sparen, denn der Zeitverlust ist bei Doppelrumpfbooten so groß, daß dieser Trick so gut wie nie gelingt.

Die Verteidigung

Hat man auf der Zielkreuz einen Gegner auf den Hacken, bleibt man unbedingt zwischen ihm und der Ziellinie, um sich die Entscheidung über die jeweiligen Aktionen auf Angriffe freizuhalten.

Ist das verfolgende Boot nicht sehr nahe, beschränkt man sich darauf, zwischen Verfolger und Ziellinie zu bleiben (das nennt man Raumdeckung). Ist der Gegner dicht aufgerückt, hält man sich stets in Luv von ihm (Manndeckung).

Je enger die Deckung, desto präziser muß der Steuermann des verteidigenden Bootes segeln und sich, je näher die Ziellinie rückt, voll auf die Deckung konzentrieren. Dem Vorschoter kommt dann die Aufgabe zu, nicht nur den eigenen Trimm wachsam im Auge zu behalten, sondern auch auf die anderen Boote und eventuelle Winddrehungen oder Böen zu achten.

> Wer eine gute Raumdeckung fährt, kann sich oft die Manndeckung sparen.

Für Angreifer wie Verteidiger gilt Nervenstärke als Trumpf − auf der Zielkreuz noch mehr als im vorangegangenen Rennen. Viele Plätze werden wenige Meter vor der Linie oft regelrecht verschenkt. Sind Sie über die Ziellinie, segeln Sie auf keinen Fall über die Linie zurück, da Sie dann fast immer disqualifiziert werden. So manchem ist dies im Überschwang eines guten Resultates nämlich schon passiert.

> Erst muß die eigene Position im Feld völlig geklärt sein, dann erst kann man sich mit Erfolg dem einzelnen Gegner widmen.

Wie heißt was beim Katamaran?

Beispielhaft für alle schnellen Rennkats ist der Tornado, der sämtliche modernen Trimmeinrichtungen aufweist. Das Großsegel wird mit freiem Unterliek gefahren, der drehbare Mast durch eine Mastpinne in der richtigen Position gehalten. Wie die meisten Katamarane hat er im Masttopp eine Arretierung für das Großfall, in der Regel einen Haken, in den sich beim Aufholen des Segels ein Ring am Kopfbrett beziehungsweise am Fall automatisch einhängt. Der Fock-Vorliekstrecker läuft über Umlenkrollen entlang den Rümpfen zum Haupthohlm. (Zeichnung entnommen aus „Seglers Handbuch" von Bob Bond, Bielefeld 1982)

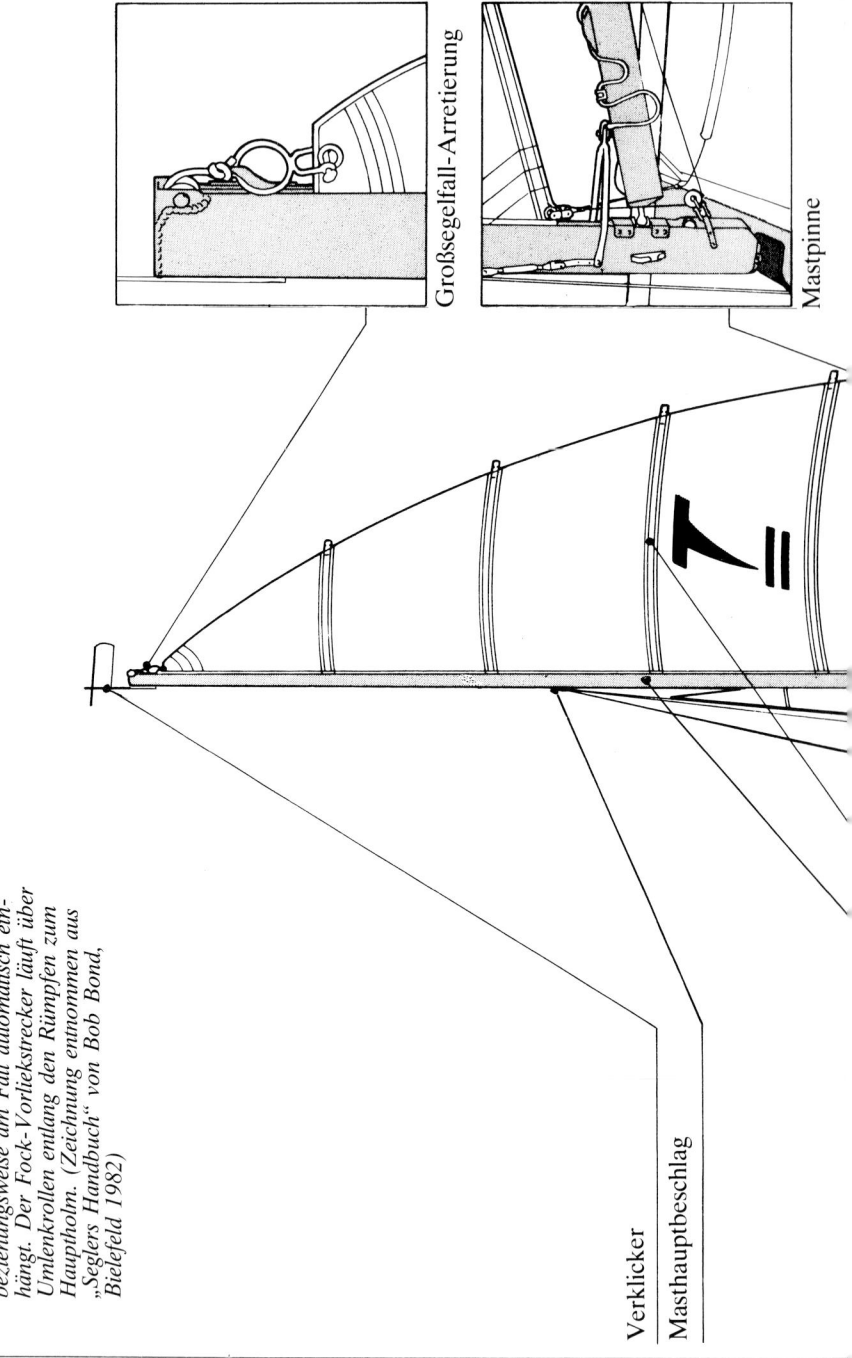

Großsegelfall-Arretierung

Mastpinne

Verklicker

Masthauptbeschlag

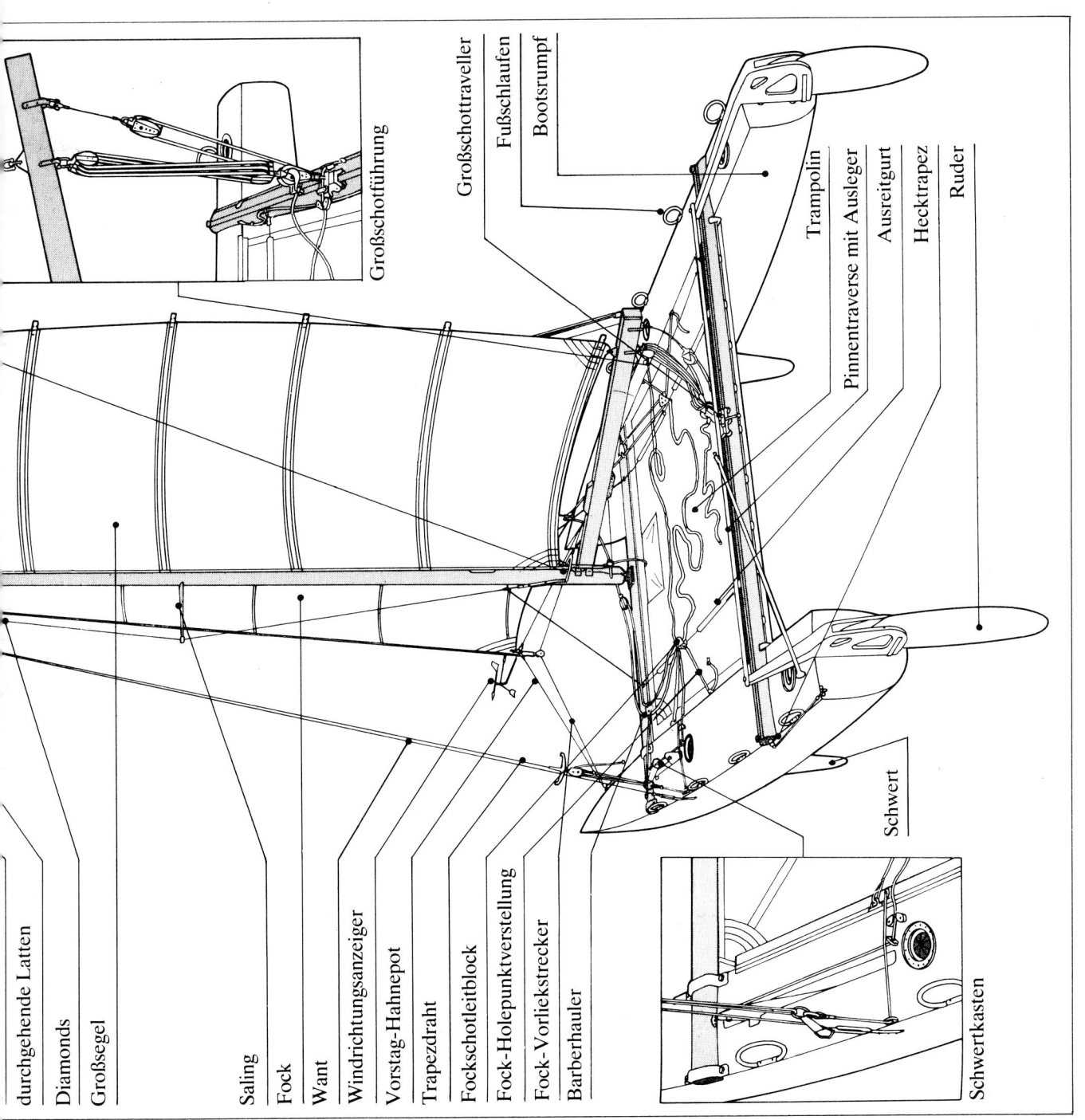

Großschottraveller

Fußschlaufen

Bootsrumpf

Trampolin

Pinnentraverse mit Ausleger

Ausreitgurt

Hecktrapez

Ruder

Großschotführung

durchgehende Latten

Diamonds

Großsegel

Saling

Fock

Want

Windrichtungsanzeiger

Vorstag-Hahnepot

Trapezdraht

Fockschotleitblock

Fock-Holepunktverstellung

Fock-Vorliekstrecker

Barberhauler

Schwert

Schwertkasten

141

Bücher
die Ihnen weiterhelfen

Walter Stein
Wetterkunde für Segler und Motorbootfahrer

Das wichtige Thema ist so dargestellt, wie man es als Laie ohne komplizierte Beobachtungsgeräte verstehen und verfolgen kann.
10. Auflage, 164 Seiten mit 85 Fotos und Zeichnungen, 1 Wolkentafel
DM 15,80

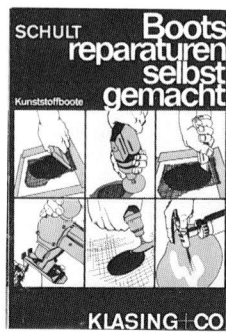

Joachim Schult
Bootsreparaturen selbst gemacht – Kunststoffboote

Eine Hilfe zur Selbsthilfe bei kleinen und größeren Beschädigungen.
6. Auflage, 104 Seiten mit 102 Zeichnungen DM 12,80

Erich Sondheim
Knoten – Spleißen – Takeln

Eine vorzügliche Anleitung, die wichtigsten seemännischen Knoten und Spleiße zu erlernen und in der Praxis richtig anzuwenden.
15. Auflage, 164 Seiten mit 127 Zeichnungen DM 15,80

Joachim Schult
Segeltechnik leicht gemacht

Dieses Buch ist für jeden Segler wichtig, der sein segeltechnisches Gefühl durch Wissen und Kenntnisse untermauern oder ergänzen möchte.
6. Auflage, 222 Seiten mit 224 Zeichnungen DM 16,80

Joachim Schult
Bootspflege selbst gemacht

Für Eigner großer und kleiner Segel- und Motorboote gedacht, die während der Saison und im Winter Wert auf die richtige Pflege legen.
5. Auflage, 240 Seiten mit 286 Zeichnungen DM 16,80

Preisänderungen vorbehalten!

Eric Twiname
Die Wettsegelbestimmungen 1985–1988

Der Autor vermittelt dem Regattaanfänger erste Regelkenntnisse und macht den Erfahrenen mit komplizierten Regelfragen vertraut.
194 Seiten mit 144 Zeichnungen DM 16,80

Delius Klasing
Verlag